KB127670

연애보다, 여행

인생이 엉망으로 느껴진다면

오 수 정 여행에세이

연애보다, 여행

harmonybook

'이 시국에 웬 여행 이야기?'

해외여행과 국내여행 모두 어렵다. 여행사는 무기한 휴업 상태. 우리를 다른 세상으로 데려다주던 항공업계도 멈췄다. 휴가철이 되면 몇 시간씩 줄 서던 공항, 매년 늘어나는 해외여행객, 세계 어디를 가도 볼 수 있던 한국인. 모두 다 옛말이 되었다. 여행 향한 우리의 사랑이 일순간에 '멈춤' 당했다. 전 세계적 위기 앞에 '여행' 따위 운운하는 것이 대수롭지 않아 보일 수도 있겠다.

그럼에도 꾸역꾸역 여행 이야기를 쓴다. 내게 여행은 단순 '놀고먹는 시간' 이상이었다. 특별히 잘난 것도 없었던 학창시절, 부모님과 선생님 말씀은 잘 들었지만 하고 싶은 일은 몰랐다. 대학만 가면 하고 싶은 일이 '뿅'하고 떠오르는 줄 알았다.

'공부 잘하면 잘 살 수 있다.'

귀에 못이 박이게 들었는데 결국 잘 사는게 뭔지도 모르겠다. 달려야 할 이유가 사라진 스무 살. 끝없는 구덩이에 빠진 것 같았다. 누군가는 스무 살이 인생 황금기라는데, 그때 나는 모든 것이 막막했다. 하고 싶은 일은 뭔지, 아니 당장 남아도는 시간에 무엇부터 해야 할지. 아무것도 몰랐다.

남들이 한 번쯤 가본다기에 떠난 여행이었다. 최초로 가슴 뛰는 순간을 마주했다. 낯선 상황에서 나는 알던 것보다 좀 더 대단했다. 매번 나를 발견하는 기쁨에 멈출 수가 없었다. 오스트레일리아 빼고 모든 대륙에 발 도장을 찍었다. 살 이유가 없어 그만 살고 싶던 스물두 살. 돌아보니 세상이 더 보고 싶어서, 그만 살기에는 내가 꽤 괜찮아서, 더 살아보기로 마음먹었다. 여행이 내게 나를 알려줬다.

이 좋은 여행. 당분간은 힘들 것 같다. 책이나 영상, 다른 사람 이야기로 간접 여행을 해야 할 때다. 여행 좋아하는 사람과 지난 길에 관한 이야기를 나누자면, 시간 가는 줄을 모른다. 이 책이 당신에게 그런 친구가 되어줬으면 좋겠다.

대단하지 않은 내 여행기, 세상에 마구 자랑하고 싶어 쓴 글은 아니다. 혹시 스무 살의 나처럼, 인생이 너무 막막해 어떤 동아줄이라도 잡아보고 싶은 사람에게 이 이야기가 닿는다면. 내 나름 발견한 '노답 인생 개선법'이 한 사람에게라도 도움이 된다면. 거창하지 않아도 그 친구가 나름의 살아가야 할 이유를 찾고, 그렇게 살아갈 수 있게 된다면. 더할 나위 없이 기쁘겠다. 어떻게 여행이 유희나 시간 낭비가 아닌, 자아 성찰 시간이 될 수 있는지. 내가 겪은 이야기와 찾아낸 방법을 공유할 것이다.

이 책은 지난 내 20대에게 바치는 글이기도 하다. 잘나지 못해 공허한 마음을 연애로 덮어보고자 번번이 노력했다. 손바닥으로 하늘을 가릴 순 없었다.

연애는 연애고 나는 나였다. 늦게나마 이 사실을 알게 되어 참 다행이라고 생각한다. 여행도, 인생도 혼자서 즐길 줄 알아야 풍성해졌다.

여행을 사랑하지만 당장 떠날 수가 없어 답답한 사람. 평범한 내가 길 위에서 성장하는 이야기에 공감되는 순간이 많을 것이다.

'맞아, 나도 그랬었지.'

킥킥 웃음이 나올지도 모른다. 여행한 나라, 겪은 일, 만난 사람, 얻은 교훈을 모았다. 당분간 떠나지 못하더라도, 이 책을 통해 여행 맛 느낄 수 있다면 좋겠다.

'아 여행 가고 싶다.'

2019년 여름 휴가. 마지막이었다. 여행이 나를 떠났다. 여행, 너무나 당연한 취미였다. 마지막 여행에서 유네스코 세계 문화유산에 등재된 리장 고성을 걸었다. 바다만큼 넓고 푸른 샹그릴라 나파하이 초원에서 말도 탔다. 멋졌지만 미치도록 황홀하지는 않았다. 익숙함에 속아 소중함을 잊었다. 이 기다림이 끝나고 샹그릴라 나파하이 초원을 다시 만난다면, 첫 여행에서 느꼈던 감동이 다시 밀려올 것 같다.

다시 여행 떠나는 날, 상상해 본다.

공항버스 타고 공항에 내린다. 미리 환전해 둔 외국 돈을 찾아 비워온 지갑에 채운다. 체크인 카운터 줄이 줄어들면 가방에서 여권을 주섬주섬 꺼내 꼭 쥔다. 직원에게 목적지를 말하고 여권을 내민다. 탑승 절차 밟은 뒤 수화물도 컨베이어 벨트에 올린다. 보안 검색을 마치고 출국 심사까지 일사천리로 통과한 당신. 면세 코너를 기웃거리다 비행기 시간 맞춰 탑승구에 왔다. 연결 통로 걸어 비행기에 오른다. 승무원과 인사 나누고 내 자리까지 걸어간다. 집에서부터 정신없이 달려왔다. 비행기 안 내 자리에 앉으니 이제야 안도감이 밀려온다.

"손님 여러분 우리 비행기는 곧 이륙하겠습니다. 손님 여러분께서는 좌석벨트를 메어 주시고, 좌석 등받이와 선반을 제자리로 해 주십시오……."
안내 방송 들으며 스르륵 잠이 든다. 부스럭거리는 소리에 눈을 뜨니 등 뒤로 기내식 카트가 오는 중이다.
"비프 올 치킨?"
"비프 플리즈."

밥 먹고 커피도 마신다. 리모컨 돌려 영화 한 편 감상하고 가이드북도 뒤적여 본다. 괜히 창밖 구름을 사진찍기도 한다. 다시 눈 붙였다 떴더니 다른 세상에 도착했다. 이제 집에서 떠나는 여행을 시작하자.

Contents

| 들어가는 글 | 004

〈제1장〉 여자 나이 스물셋

1. 떠나라 014

2. 경험하라 018

3. 온전히 내가 되어라 024

4. 발견하라 029

5. 이불 밖은 위험해? 034

〈제2장〉 홀로서기의 시작

1. 공항버스 앞에서 044

2. 인생 첫 환승 048

3. 준비의 신 053

4. 완벽한 건 없구나 058

5. 혼자면 어때 064

6. 이동, 그 이상의 가치 069

7. 두려울 게 없구나 075

〈제3장〉 아프리카, 감동의 날들

1. 알바의 시작 082

2. 장난 아닌 에티오피아 087

3. 얼마나 더 버스를 타야 하는 거지 092

4. 고생 끝에 낙이 오더라 097

5. 하고 싶은 일이 있었어! 105

6. 이러려고 온 거야? 111

7. 세렝게티에서 크리스마스를 118

8. 지금, 이 순간 126

9. 원하는 대로만 된다면 133

10. 침팬지에게 맞을 뻔한 날 138

11. 그래도 결국은 143

〈제 4 장〉 이번엔 남미야

1. 이번엔 남미다. 계획은 무계획 152

2. 멕시코야, 너를 천국이라고 불러도 될까 157

3. 부서지는 낙원 163

4. 괜찮아, 잘 될 거야 170

5. 친구가 되기 위해서는 178

6. 함께하는 즐거움 187

7. 이 순간 위해 참을 수 있어 193

8. 폭포가 폭포지 199

〈제 5 장〉 평생 여행할 수는 없을까

1. 평생 여행만 할 수 없을까 206

2. 눌러앉아야 비로소 보이는 것들 211

3. 인생 축소판 216

4. '혼자' 여행해야 하는 이유 223

5. 떠나려는 당신을 위해서 227

| 마치는 글 | 232

제1장

여자 나이 스물셋

장녀로 태어난 내게 부모님은 기대가 컸다. 아빠의 사업이 위태롭던 순간에도 '착하고 공부 잘하는 우리 딸'이라는 수식어가 우리 가족에게는 유일한 자랑거리였다. 칭찬이 굴레가 됐다. 뭐든 잘해야 한다, 기대에 부합해야 한다, 엇나가면 안 된다. 무의식에 시나브로 새겨진 세뇌가 인생을 파국으로 몰고 가는 중인지 몰랐다. 뭐든 잘했지만, 남보다 특별히 잘하는 것도 없었다. 하고 싶은 일은 없지만, 부모님 말씀 잘 들어서 적당한 대학에 입학했다. 대학 생활도 그럭저럭해나가는 중이다. 삶을 굴리던 유일한 원동력, '공부와 대학'이라는 목표를 이룬 나.

'자, 이제 뭐 해야 하지?'

'공부 열심히 하면, 잘 살 수 있다.'

귀에 못 박히게 들었는데, 결국 '잘 사는 게 뭔지'조차 모르겠다. 사람은 밥 못 먹어서 죽는 것이 아니라 삶의 이유가 희미해질 때 죽어갔다. 학교에 다니고 밥을 먹고 친구들과 실없는 대화를 나누지만 내 존재는 죽어가고 있었다. 죽어가고 있다는 사실도 모른 채. 잘살아 보려고, 아니 그냥 '살아보려고' 아등바등 시도해봤지만 모두 실패였다. 남 따라 그저 유명한 도시에 가보고 싶어 떠난 여행이었다. 처음으로 심장 흔드는 기쁨을 느꼈다. 원하는 대로 행동하는 나를 만났다. 삶을 포기하고 싶게 만들던 무기력감은 느낄 새가 없었다.

'세상에 이렇게 보고 죽어야 할 것이 많다.'

살아가야 첫 번째 이유가 생겼다.

긴 여행, 같이 갈 사람이 없어 늘 혼자 떠났다. 점차 구경 이상의 즐거움이 생겨났다. 외로움에 지쳐 스스로와 이야기 나누기 시작했다. 가까운 사람에게도 털어놓지 못한 내 이야기를 내가 들어줬다. 주위 시선과 기대에서 탈출해 오직 혼자 결정 내리고 책임지기를 반복했다. 먹고 입고 자는 일상의 사소한 문제부터 여행의 방향을 바꾸는 일까지. 타인의 그늘에서 벗어나 홀로 존재하고서야, 바라는 삶의 모습을 만났다. '유명한 곳에서 사진 찍으러 다니는 관광'으로 시작했지만 결국 삶의 방향을 설정하는 '성찰 시간'으로 마무리되었다. 극한 상황에 처했을 때 기어코 문제를 해결해내는 나는 늘 알던 자신보다 대단했다. 생각보다 괜찮은 나를 만나니 이대로 그만 살기는 아까웠다. 살아가야 할 두 번째 이유가 생겼다.

그때의 나 같이 살고는 있다만 왜 사는지 모르겠는 사람.
그래서 무기력에 빠진 사람,
현재 인생이 불만으로 가득한 사람,
남이 아닌 내가 원하는 것을 모르겠는 사람,
혼자 있는 시간을 견딜 줄 모르는 사람,
또는 혼자 있는 것이 좋지만 지루한 사람,
타고난 취향과 성향은 아직도 모르겠는 사람,
타인의 기준에 맞추는데 지친 사람,
삶을 제대로 즐길만한 용기가 없는 사람.

쉴 틈 없이 굴러가는 우리 현실은 이런 문제에 대해 찬찬히 생각해 볼 틈을 내주지 않는다. 모든 사람이 살아오는 동안 다양한 경험과 시행착오, 그로 인한 내적 성장을 이뤘다면 좋았겠다. 돈과 시간을 추가로 써야 하는, 여행 같은 일 따위는 필요 없을지도 모른다. 그렇지 못했다면. 성인이 되었지만 어떻게 살아야 할지 몰라 속으로만 울고 있다면. 나이만 먹었지 마음은 어린이만큼 혼란스러운 '어른이'라면. 다양한 사건과 감정을 겪고 내면을 성장시킬 '여행'이라는 기회가 우리에게 남아있다.

그 경험을 위해 무엇이 필요할까? 장기여행을 위한 풍족한 돈? 글쎄. 우리는 휴양하러 떠나는 길은 아니니까. 의식주를 위한 최소한의 경비만 있으면 된다. '도전정신'과 같은 거창한 다짐은 어떨까? '나 자신을 찾고 오고 말겠어!' 같은 각오는? 중요하지 않다. 자기 자신을 찬찬히 찾아보고자 하는 진심 어린 호기심이면 충분하다. 그 결과 당신은 무엇을 얻고 오게 될까? 다양한 것을 맛보고 스스로를 대접하며 취향을 발견할 것이다. 수많은 사람과 만나고 헤어지면서 나와 맞는, 함께하고 싶은 사람을 찾는다. 시행착오를 반복하며 '상황에 맞춰야 하기에 그랬던' 성격이 아닌 타고난 성격을 발견할지도 모른다. 결정 장애가 있는 소심한 사람이라면 미래에 닥칠 수많은 문제를 빠르게 해결할 직관적 판단력도 키울 수 있다. 결국, '나도 할 수 있다' 혹은 '나도 잘살 수 있다'는 자신감을 얻는다.

언제 떠나는 것이 가장 좋을까? 점수에 맞춰 대학에 진학하긴 했는데, 살아가고픈 미래는 캄캄하다면, 더는 인간관계와 과거로 인한 상처에 머물러 있고 싶지 않다면, 삶의 의미가 흐릿해지고 있다면. 여행이 도움이 될 수 있다. 여행하는 시간만큼 현실의 시간도 흐른다. 취업 준비, 자기 계발하는 주변 사람들 보면 팔자 좋게 여행이나 할 때가 아니라는 마음이 들기도 한다. 그렇다고 또 그대로 산다면 과연 행복할까? 20대 초반, 20대 후반, 30대 이후, 40대 이후. 떠나고자 할 때 느껴지는 무게가 제곱으로 늘고 만다. 늦을수록 여행과 바꿔야 할 것이 많다.

어디로 가야 할까? 여행지는 중요하지 않다. 한 번쯤 사진에서 보고 '죽기 전에는 가 봐야지'라고 생각한 장소가 있다면 그곳으로 향하면 된다. 꼭 해외가 아니라 국내 여행부터 시도해 봐도 좋다. 혼자 그 여정을 해내고 무사히 돌아오는 과정이 우리 여행의 핵심이기 때문이다.

그래도 떠나야 할지 말지 고민이 된다면? 말도 안 통하는 외국에 어떻게 혼자 갈지 상상도 할 수 없다면? 결국, 시도하지 않고 머무르고 말겠다면. 남들이 아는 저자는 배낭 하나 메고 온 세계를 누비는 자유인이지만, 사실 떠나는 길 앞에서 매번 눈물 콧물 쏟는 겁쟁이였음을 고백한다.

'무사히 다녀올 수 있겠지?'

누가 떠민 것도 아닌데 공항버스 앞에서 항상 펑펑 울었다. 수십 개국을 다녔고 셀 수 없이 많은 도시를 방문했다. 혼자기에 더 철저히 안전 수칙을 준수했고 현지인을 존중했다. 결국, 매번 큰 사고 없이 돌아왔다. 작은 사고는 겪기도 했다. 그렇기에 즐겁고 그 과정을 해결하는 시간이 가치 있다. 나를 아는 사람이 한 명도 없는 곳에서 나는 무엇이든 될 수 있었다.

들은 대로 믿고 살아가는가, 보고 경험 한 바만 믿는가? 스리랑카 히까두와 해변에는 사람만 한 거북이가 애완견처럼 다가온다는 것, 킬리만자로 등반을 위해 많이 찾는 탄자니아 모시에는 킬리만자로산보다 더 신비로운 정글 속 온천이 있다는 것, 펭귄은 극지방에만 사는 줄 알았는데 더운 남아프리카 공화국에도 많다는 것, 고산지대에서 숨이 턱 끝까지 차면 순간적으로 눈이 안 보인다는 것, 파란색도 아니고 초록색도 아닌 딸기우유 빛 호수가 세상에 존재한다는 것, 비행기를 놓치면 당신은 영어를 술술 말할 수 있다는 것, 10kg 아령은 끙끙대며 들지만 몸무게 절반이 넘는 배낭 메고도 버스 터미널까지 걸을 수 있다는 것, 망고가 발에 치일 만큼 흔해 가로수 은행 쓸어내듯 버리는 나라도 있다는 것, 바닷속에도 정신이 혼미해질 만큼 환상적인 꽃밭이 있다는 것, '에메랄드빛 바다'라는 수식어로 묶어 설명하기에는 에메랄드 물빛이 너무도 다양하다는 것, 물 아래 10m만 들어가도 하늘 가릴 만큼 큰 만타 가오리를 마주칠 수 있다는 것, 적도를 기점으로 1m만 떨어져도 물이 서로 반대로 돌아내려간다는 것, 무엇을 상상하든 상식 뛰어넘는 일이 인도에서는 빈번히 일어난다는 것, 그런데 스리랑카는 인도보다 더 막장이라는 것, 그 막장 속에서도 더 나은 내일을 기대하며 살아가는 사람들이 있다는 것.

일상에서 알 필요도 없고 말해 주는 사람도 없었던 사실을 목격하게 된다. 혹은 아는 바를 뛰어넘는 세상의 민낯을 보게 될 수도 있다.

10시간 넘게 버스를 타고 이동하는 날. 엉덩이가 배겨 좌우로 들썩거려 보지

만 소용없다. 꿈꾸던 도시에 드디어 도착했다. 척추 사이사이를 활짝 펴버릴 기세로 기지개를 켠다. 버스에서 내리기만 했는데 다시 태어난 듯한 해방감을 느낀다. 사진 속에서만 보던 광경에 매료되어 카메라 셔터를 쉴새 없이 누른다. 가끔은 이곳에 내가 있다는 사실이 믿기지 않는다. 신나서, 나도 모르게 폴짝거리며 골목을 누빈다. 때로는 아무리 피하려 해도 기를 쓰고 달려드는 사기꾼에게 속을지도 모른다. 실실 웃는 낯에 적지 않은 금액을 사기당하고 치를 떨게 될 수도 있다. 일 년에 한두 번 겪을까 말까 한 일이 여행길에서는 하루에도 수십 번 일어난다. 마음먹은 대로 술술 나아가는 날도, 황당한 문제를 겪는 날도 있다. 일상에서 잊고 지냈던 수많은 감정이 되살아난다.

오랫동안 혼자서 시간을 보내다 보면 문득 사무치게 외로운 순간이 온다. 누군가 말 걸어주기를 바라다, 결국 모르는 사람에게 먼저 말을 걸 수도 있다. 짝

맞춰 온 다른 여행자 대화를 엿들으며 두고 온 그리운 사람을 떠올리기도 한다. 열 살이나 될까 싶은 아이가 소쿠리에 껌과 휴지 파는 모습을 보면 지은 죄 없이 미안한 마음도 든다. 그에 비하면 풍족한 내 삶에 감사하게 될 수도 있고 전혀 관심 없던 지구촌 문제에 눈이 뜨일 수도 있다.

공통분모라고는 여행밖에 없지만 의외로 마음이 맞는 친구를 만나기도 한다. 그간 있었던 무용담을 서로 나누며 밤새는 줄 모르고 이야기 나눈다. 물론 같은 목적 품고 떠난 여행자라고 다 잘 통하는 것은 아니다. 이기적으로 행동해 상처 주는 사람, 자기 여행만 중요한 사람을 마주칠지도 모른다.

욕심이 커지면 몸무게 절반도 넘어가는 무거운 배낭을 들쳐 메고 다닐 수도 있다. 한 발짝 뗄 때마다 '배낭은 전생의 업보'라는 여행자 명언을 자조적으로 대뇌이게 된다. 배낭 용량과 근력이 한계에 도달하면 소중하게 이고 지고 다니던 짐도 하나씩 버리게 된다. 그 과정에서 우선순위 메기는 법을 배운다. 타인에게 나눠주거나 다음을 위해 정리하는 여유도 갖게 된다.

짧은 시간에 더 많이 보고자 하는 마음, 계획대로 완수하고자 하는 조바심에 쫓기기도 한다. 짜온 계획대로 이뤄질 때 느끼는 안정감과 그렇지 못할 때 다가오는 스트레스를 저울질하다 마침내 자신에게 맞는 여행방법을 선택할 것이다.

인도에서는 이 나라를 사랑하는 마음과 미워죽겠는 감정이 하루에도 수십 번 요동쳤다. 인도 여행을 마치고 집으로 돌아가는 날. 콜카타 공항에서 비행기 타기 전 화장실을 들렀다. 측정 불가 수준으로 시커먼 인도 공기의 미세먼

지가 온 얼굴과 콧구멍에 들러붙었다.

'마지막까지 이 꼴이구먼.'

꼴 보니 참을 수가 없다. 물로만이라도 벅벅 얼굴을 문질러 내고 고개를 들었다.

옆에서 손 씻던 젊은 인도 여자가 내게 물었다.

"인도에 여행 온 거니?"

"아니, 여행은 끝났고 이제 집으로 가는 길이야."

"인도여행에서 무엇을 얻었니?"

"……."

글쎄, 처음 듣는 그 같은 질문에 쉽게 대답하지 못했다. 돌아오는 길에 비행기에 앉아 생각해 봤다. 예정시간보다 열두 시간 늦게 목적지에 도달한 아그

라행 기차도, 그만큼이나 연착될 줄은 모르고 빈손으로 올라탔다가 인도사람들에게 과자 얻어먹던 일도, 바라나시 소똥 밭길도, 그보다 더 더러운 갠지스 강물도, 처음에 100루피 불렀다가 한 바퀴 돌고 오면 5루피까지 떨어지는 미친 흥정도, 그런데도 더는 화 나지 않기 시작한 순간도, 부처님도 인도에서 이래서 해탈하지 않았을까 싶다는 생각도 머릿속을 스쳐 지나갔다. 미워할 만한 이유가 넘쳐나는데도 웃음이 났다. 끝내, 다 잘되었기 때문에.

  잠시간 인도에서의 시간을 떠올리며 그 여자를 다시 만난다면 해주고 싶은 대답을 정리했다.
  '감사하는 마음과 내려놓는 마음. 아무리 걱정해도 실제로는 별 도움 안 되니 걱정은 조금만 하자는 교훈. 주어진 일에 충실하며 지낼 수 있는 지금이 행복이라는 사실을 봤다.'

  낯선 곳에서 수많은 사건과 나를 흔드는 감정을 겪는다. 좁은 골목 안에서 이슬람 사원, 힌두 사원, 성당, 불교 사찰이 마주 본 채 세를 과시하는 곳에 간다면 어느 장단에 맞춰야 할지 몰라 혼란스러운 감정을 느껴 보자. 전통의상 샀는데 입을 줄 몰라 낑낑대는 나를 집으로 초대해 입혀주는 아줌마를 만나면 고마운 감정도 느껴 보자. 사기도 당할 수 있고 도둑질도 당할 수 있다. 머리끝까지 화가 났다가 더 큰 위험에 대비할 수 있으리라 긍정적으로 생각하고 마는 내면의 변화도 느껴 보자. 여행은 긴 인생의 요약 같다. 백지로 태어난 아기가 오감으로 세상을 배우듯, 우리도 여행길에서 오감으로 세상을 경험할 수 있다. 내 것이 맞으면 수용하고, 아니면 버리면 된다. 내게 부족했던 점을 비로소 채우고 돌아올 기회다.

엄마 닮아 밥보다 빵을 더 좋아하는 나. 떠나보기 전에 나 정도면 외국 음식만 먹어도 문제없으리라 생각했다. 짧은 여행이라도 김, 김치, 고추장 한 아름 챙겨가는 어르신들은 참 촌스럽다 싶었다. 외국에서 사무치는 매운맛에 못 이겨, 현지 음식 몇 곱절로 비싼 한인 식당을 여러 번 찾아갔다. 이후 인정하기로 했다.

'나는 어쩔 수 없는 한국인이다.'

그 뒤로 여행 가기 전에 고춧가루와 라면 수프는 꼭 챙긴다.

'이걸 다 먹으려고?'

대용량 진라면 수프를 고이고이 물약 병에 털어 넣는 모습 보며 엄마가 놀란다. 모르는 말씀. 외국 음식에 질릴 때쯤, 얼큰한 라면 수프 국물 들이키면 보약이라도 마신 듯 힘이 난다.

긴 여행에서 가장 힘든 순간은 보고 싶은 사람이 있을 때 그리고 먹고 싶은 음식이 있을 때다. 전자는 해결이 안 된다. 그나마 시도해 볼 만한 '음식'에 도전한다. 챙겨 온 고춧가루가 다 떨어지면 매운 파프리카 가루를 사서 활용하고 가방에 작은 쌀 봉지와 간장병도 챙겨 다녔다. 약속 없는 저녁 시간이 되면 숙소 근처 구멍가게에 가서 반찬거리를 샀다. 달걀 몇 알과 한 알에 200원쯤 하는 아보카도, 그것보단 비싼 소시지. 중남미 여행에서 즐겨 먹던 반찬거리다. 쌀을 휘휘 씻어 냄비 밥을 안친다. 프라이팬에 계란말이를 붙이고 소시지도 굽는다. 매운 음식 당기면 라면 수프 국도 달걀 풀어 얼른 끓였다. 아보카도를 반으로 갈라 낸다. 아기 주먹만 가운데 씨앗은 칼로 퍽 찍고 비틀어 빼낸다. 껍질과 과육 사이에 숟가락 집어넣어 과육만 싹 발라낸다. 한입 크기로 쓱쓱 썬다. 계란말이, 소시지, 아보카도를 한 접시에 올려두고 아보카도 찍어 먹을 소금도 귀퉁이에 한 꼬집 둔다. 밥도 완성되었다. 현지의 흩날리는 쌀이라도 상관없다. '밥'을 먹는다는 사실이 중요할 뿐! 소금 찍은 아보카도가 맨밥과 잘 어울린다는 사실은 요리사 출신 일본인 여행자 마코토가 알려줬다. 밥 한 숟갈 위에 아보카도와 소시지 한 조각씩 올려서 입안 가득 채운다. 아보카도를 아주 크게 썰었기 때문에 사 먹는 캘리포니아 롤보다 더 고소했다. 느끼할 때는 매콤한 국물 한 숟갈 뜨면 여기가 바로 지상 낙원이다.

여행 중에 밥해 먹기가 귀찮고 번거로워 보이지만 몇 번 하다 보면 요령이 생긴다. 입맛이야말로 속이기 어렵다. 어릴 적부터 각인된 문화 유전자의 솔직한 진술이다. 값비싼 음식도 내 입에 맞지 않으면 그만이다. 맞벌이하셨던 부모님이 배달음식을 많이 시켜주셨다. 그중에서도 어릴 때부터 짬뽕을 좋아했다고 한다. 그래서 아직도 얼큰한 국물 요리가 좋다. 여행 중에도 입맛은 변하지 않아, 라면 수프 국으로 음식 향수병을 치료하며 다녔다.

여행 중에 스스로 챙겨야 할 것은 입맛뿐만이 아니다. 아무것도 하지 않고 누워 하루를 보내도, 온종일 수영만 해도, 빡빡한 관광 일정을 소화하고 돌아

와도. 애정 어린 잔소리를 펼칠 엄마가 없다. 아침으로는 무엇을 먹을지. 오늘 날씨에는 어떤 옷을 걸치고 나가야 할지. 하루 일정이 전부 나의 결정 거리다.

'내일 신을 양말은 남아있나? 샴푸와 바디워시를 새로 사야하나? 내일 이른 새벽에 숙소를 떠나려면 미리 짐을 싸 둬야겠지?'

의식주 관련 모든 것을 관리하고 점검하는 습관이 생긴다. 노력하지 않아도 된다. 몇 번 어제 신던 양 말을 한 번 더 신다 보면 부모님의 무수한 잔소리에도 발전하지 않던 '자기 관리 역량'이 저절로 길러진다.

생활 습관을 돌아보고 자신을 통제하는 것 이상의 발전도 있다. 초행자이자 이 도시에 대해 어수룩해 보이는 당신에게 이익을 얻어가려는 무리가 많다. 흔히 말하는 '사기꾼' 또는 '삐끼' 말이다. '좋은 것이 좋다'를 미덕으로 여기며 살아왔다. 웃는 얼굴에 침 뱉기가 얼마나 어려운지……. 뻔히 보이는 술수에도 면전에서 단호하게 내치기가 어려웠다. 하지만 언제까지 당하고만 있을 수는 없는 법. 금방 간파하는 눈이 생긴다. 더 나아가 불필요한 요구에 'No'라고 당당히 끊어낼 수 있는 용기도 커진다. 돌아온 뒤, 한층 더 단단해진 자신을 발견할 수 있었다.

기차를 놓친 적이 있다. 독일을 여행할 때였다. 첫 유럽 여행의 설렘에 도시별로 기념 자석을 사 모으는 중이었다. 기차역에 일찍 도착했지만 못 산 베를린 자석이 아른거렸다. 기차역 기념품 가게에는 마그넷이 있으리라 생각되어 도착하자마자 기념품 가게로 직행했다. 원하는 자석 손에 넣고 기쁜 마음으로 기차를 타러 나왔다. 기차역이 그렇게 큰지 몰랐다! 10분 정도면 여유롭다고 생각했다. 그 넓은 베를린 중앙역에서 플랫폼 확인하고 그곳으로 향하는데 10분은 터무니없이 부족한 시간이었다. 기껏 일찍 역에 도착했지만 덜 중요한 것에 집중하며 기어코 소탐대실을 이뤄냈다. 정시성으로 유명한 독일의 기차는 어김없이 제시간에 떠나고 말았다.

비행기 시간도 잘못 알고 간 적이 있다. LA 여행을 마치고 멕시코시티로 날아가는 날이었다. 메일로 날아온 비행기 출발시각을 다시 점검하지는 않았다.

3월 20일 23:59 LAX-MEX

티켓을 대충 보고 20일 00시라고 기억했다. 19일에서 20일 넘어가는 자정에 비행기가 뜨는 줄 알고 19일 저녁에 공항에 갔다. 체크인 카운터로 가 여권을 내밀었다.

"오늘 비행 맞아요? 당신 이름은 오늘 출발 명단에 없어요."

'지금 짐 다 짊어지고 공항까지 왔는데, 이게 무슨 소리야? 예약 잘못한 건가?'

내 뒤로 줄이 길다. 체크인이 나 때문에 지연되는 중이다. 얼굴이 터질 듯 시뻘게졌다. 당황한 내 모습 본 직원이 이리저리 검색을 시도한다.

"당신 비행기는 내일 이 시간이에요."

다시 E-티켓을 열어 확인했다.

'3월20일23:59'

20일에서 21일로 넘어가는 자정에 비행기가 뜬다는 소리였다. 비행기 표를 날린 건 아니라 다행이었다. 하지만, 이 밤에 다시 배낭 메고 LA 시내로 돌아가는 일도 만만치는 않다. 내 기억이 틀림없다고 확신했지만, 사실은 부정확하거나 왜곡되기도 했다. 워낙 덤벙거리는 성격 탓에 이런 일을 몇 차례나 겪었다. 그 덕에 비행기, 기차, 버스 시간이 다가오면 초조하리만큼 일정 점검하

27

는 습관이 생겼다.

혼자 떠난 길이라 모든 것을 스스로 결정해야 한다. 다른 사람 조언을 들어 볼 수는 있지만, 누구도 목적지를 대신 정해주지는 않는다. 의식주를 스스로 해결하며 단호하고 꾸준히 본인을 책임져야 하는 과정. 처음에는 버겁게 느껴지기도 한다. 하지만 늘 그랬듯 점차 익숙해질 일이다.

모든 것을 스스로 결정해야 하는 것이 여행뿐일까? 인생도 마찬가지다. 내 인생 유일한 결정권자는 '나'여야만 한다. 무사히 돌아온 여행자는 진정한 성인이자 인생의 개척자로 살아갈 수 있다.

누구나 그런 줄 알았다. 어릴 때부터 목표 향해 달려가는 삶을 살았다. 열심히 공부할 줄밖에 몰랐다. 그렇지 않은 시간은 낭비로만 여겨졌다. 첫 여행도 그랬다. 여행도 공부하듯 계획을 짰다. 하루에 갈 곳도 많고 먹어야 할 것도 많았다. 계획을 사수하기 위해 노력했다. 짧은 시간에 효율적으로 많은 곳 구경할 수 있어서 만족스러웠다. 물론 계획대로 안 되는 날이 더 많다. 맞추기 위해 더 일찍 일어나고 더 바삐 움직여야 했다. 처음 혼자 가본 나라인 영국에서 '하루' 계획은 이랬다.

빅벤 - 국회의사당 - 웨스트민스터 사원

- 버킹엄궁전 - 점심 - 세인트폴 대성당

- 밀레니엄 브리지 - 테이트 모던

의지할 만한 것은 인터넷 자료와 가이드북 뿐이었다. 내 속도와 취향을 모르니, 일단 가이드북에서 제시하는 하루 코스를 따를 수밖에. 그렇게 '런던 4박 5일 코스'에 맞춰 하루하루를 보냈다. 숙소로 돌아오니 다리 아프지만 뿌듯하다. 오늘 구경한 것도 많고 사진도 많이 찍었다.

몇 년 지난 지금, '런던 국회의사당' 하면 그 앞이 전 세계 관광객으로 바글바글하던 장면만 떠오른다. 오히려 그날 일정 중에서 '레몬 타르트와 밀크티 맛본 시간'이 가장 선명하다. 영국에 왔으니 '티타임'은 한 번쯤 가져보고 싶었다. 물론 숨 가쁘게 설계된 4박 5일 일정 가운데 카페 같은 여유는 없다. 바쁜 일정 소화하며 '테이트 모던'까지 왔다. 한 귀퉁이에 카페테리아가 보였다.

'아이고, 지친다. 차나 한잔 마시자.'

처음 보는 레몬 타르트도 시켰다. 바삭한 타르트 반죽 위에 올려진 레몬 필링과 그 위를 단단히 감싸는 구운 설탕 머랭. 과자같이 고소한 타르트와 상큼한 레몬 필링, 달콤한 머랭을 포크로 찍어 한입에 넣었다. 새콤달콤한 맛이 에너지를 돋군다. 설탕 타지 않은 고소한 밀크티로 입안을 적셨다. 여름 중에서도 가장 더운 8월 어느 날. 런던 시내를 '도장 깨기' 격으로 찍고 다니다 우연히 테이트 모던 테라스에 앉았다. 햇볕 방향이 적당해 앉은 쪽은 완전히 그늘졌다. 이제야 템스강을 제대로 구경하네. 온종일 강 근처 관광지를 찍고 다녔지만, 강은 처음 본다. 윈도 기본 배경화면같이 새파란 하늘과 구름이 보인다. 그 아래로 햇볕 받아 반짝거리는 밀레니엄 브리지가 있다. 개성대로 옷 입은 사람들이 바삐 그 위를 걷는다.

'여름인데도 여기 옷차림은 각양각색이구나.'

강 건너 세인트 폴 대성당도 한눈에 들어왔다.

'대성당은 코앞까지 가서 보는 것보다 강 건너서 보는 모습이 더 멋지구나. 돔 천장이 저렇게 섬세한 줄 몰랐네.'

나만의 여행 스타일이 만들어지는 데는 그 뒤로도 꽤 오랜 시간이 걸렸다. 그동안 남들이 추천하면 박물관도 가고 미술관도 갔다. 새 도시에 가면 '그 도시에서 꼭 해야 할 것'을 검색했다. 늘 계획을 세우고 다음에 갈 곳을 염두에 뒀다. 계획 세우며 한번 머리 아프고, 그대로 이뤄지지 않아 두 번 고통 받았다.

점차 '무계획이 계획'이라는 나만의 여행 취향을 발견하게 되었다.

　몰디브의 작은 로컬 섬(리조트나 관광지로 개발되지 않은 현지인 위주의 섬) '라즈두 섬'을 간 적이 있다. 라즈두 섬은 끝에서 끝까지 걸어서 15분 걸리는 크기다. 스쿠버다이빙을 하기 위해 다이빙 샵을 찾았다. 섬 내에서는 상가 밀집 지역이라고 해야 할까 싶은, 몇 개의 단층 가게가 모인 골목에 다이빙 샵이 있었다. 제법 그럴싸한 간판을 걸어둔 가게 문 앞, 새까맣게 탄 동양 여자가 말보루를 맛나게 핀다. 스스로를 '보니따'라 소개했다. 여자가 가게 주인이리라고는 생각 못 했다. 이 섬에서 동양 여자를 만났다는 사실만으로 반가웠다. 말 안 통하는 곳에서 한국인 반가운 건 말할 것도 없고, 동양인만 만나도 기쁠 때가 있다. 보니따도 뜬금없이 동양 여자가 나타나 반가운 기색이다. 보니따 가게 앞 나무 둥치에 앉아 그녀는 담배를 피우며, 나는 콜라를 마시며 이야기를 나눴다.

보니따는 홍콩에서 명문대를 졸업하고 영어 선생님으로 일했다. 안정된 삶을 살았지만 늘 지겨웠고 좁은 홍콩을 벗어나고 싶었다고 했다. 영어라는 무기가 있으니 몰디브의 한 리조트로 취업했다. 전 세계 어디나 중국 관광객이 많이 오기에 리조트에서 중요한 역할을 했으리라. 처음에 스쿠버다이빙은 관심이 없었지만, 리조트에서 일하며 강사 자격증도 땄다. 지금은 리조트 근무를 관두고 라즈두 섬에 정착했다. 몰디브인 남편과 스쿠버다이빙 샵을 차려서. 피부는 남편을 닮고 생김새는 보니따를 닮은 딸도 하나 낳았다. 가게에 딸도 나와 노는 중이다. 딸과는 중국어와 영어를 섞어 썼다. 몰디브인 아빠만큼 새카맣게 그슬린 홍콩 엄마가 영어로 동양식 예의를 가르치는 모습은 보기 드문 광경이었다.

이야기 중에 외출했던 보니따 남편도 돌아왔다. 잎담배를 많이 씹어 치아가 주황색으로 물들고 잇몸 기둥이 훅 내려앉은 남편. 보니따보다 나이가 훨씬 들어 보였다. 바다 다이빙을 하도 많이 해 머리가 자연히 주황빛으로 탈색되었다며, 자신은 염색할 필요가 없다고 너스레를 떤다. 남편의 끊임없는 헛소리에 보니따가 '등짝 스매싱' 날리는 장면. 만국 공통 부부의 모습이었다.

타원형의 길쭉한 섬은 가로로 걸어서 5분, 세로로 걸어서 15분이면 끝에서 끝에 닿는다.
"작은 섬에서 외롭지 않아?"
"내가 페이스북으로 홍보 잘해서 홍콩사람, 중국 사람이 많이 와."

"그래도……. 홍콩이 그립지는 않아?"

"가족 보러 자주 갔다 와. 비행기 타면 금방이잖아. 얼마 전에도 딸 데리고 갔다 왔어. 또 홍콩에 있다 보면 이 섬이 그립더라고."

'도태되면 안 된다, 노력해야 한다, 남들보다는 앞서가야 한다.'

당연한 줄 알았다. 세상엔 다른 기준으로 사는 사람도 많더라. 돈과 입신양명이 전부인 줄 알았던 나는 세상을 구경할수록 다른 삶의 가능성을 보았다. 여러 모습을 볼수록 겸손해질 수밖에 없었다. 행복한 삶을 위해서는 능력만큼 노력하고, 안 되는 것은 내려놓는 마음가짐이 필요하구나. 사회적으로 말하는 성공을 위해 살 필요 없이, 내가 즐거울 수 있는 방향으로 노력하는 것 정답이라 느꼈다.

여행은 길 위에서 다양한 체험을 하며 취향을 발견하고 돌아와, 삶의 방향을 정해가는 과정이다. 어떤 음식이 맛있고, 어떤 친구와 잘 맞는지. 산과 바다 중에서 더 힐링 되는 곳은 어디인지. 미술관이 좋은지 시장이 좋은지. 커피가 좋은지 맥주가 좋은지. 매일 새로운 환경이 펼쳐지는 낯선 땅에서 경험하고 배워올 것이 너무도 많다.

불안한 뉴스가 많다. 어느 나라에서 테러가 터지고 있으며 어디서는 내전이 끝나지를 않는다. 어떤 나라는 치안이 불안하고 성희롱이 빈번해 '절대' 여자 혼자 가서는 안 된다고 한다. 이집트도 혼자 여행하기 좋은 나라는 아니라고 들었다.

이집트 룩소르에 갔을 때다. 혼자 돌아다니는 동양 여자 자체가 눈에 띄는 곳이기에, 여기서는 흔히 말하는 '알라딘 바지'를 입고 다녔다. 목에는 늘 얇은 스카프 하나를 둘렀다. 평소엔 햇볕도 막고 관심 집중될 만한 상황에서는 히잡처럼 둘러 눈길을 차단하는 용도였다. 명불허전. 이집트는 과연 그 명성 이상이었다. 무수한 캣콜링과 호객꾼(속칭 삐끼). 캣콜링(지나가는 여자에게 성희롱조의 말을 거는 것)은 스카프 둘러 가리거나 무시하면 그만이었다.
"~에 내 친구가 있는데 소개해줄까?, ~에 오늘이 마지막인 할인 행사를 하는데 같이 가볼래?"
어디를 가나 사기 치려 덤벼드는 삐끼에게도 익숙해질 즈음이었다.

이집트 '다합'에서 스쿠버다이빙을 배운 뒤, 수도 카이로로 버스 타고 나가려던 저녁의 일이다. 다합 바닷가에서 버스 터미널로 '트럭 택시'를 타고 이동했다. 말이 택시지 동네 주민이 돈 받고 태워주는 시스템. 이러나저러나 햇살이 누그러들기 시작한 오후 4시쯤, 트럭 뒷자리에 배낭과 함께 실려 가는 경험도 나쁘지만은 않았다. 익숙했던 바닷바람은 금세 사라지고 비포장도로의 잘은 흙먼지가 올라오기 시작했다. 전천후 스카프로 입을 막아 흙먼지를 거르며 버

스 터미널에 도착했다. 카이로로 향하는 야간 버스는 누워서 잘 수 있는 것으로 샀다. 하루 자고 일어나면 카이로에 도착해있으리라.

나같이 야간 버스 기다리는 사람이 많았다. 대기실 앞 매점에서 비스킷과 음료수를 샀다. 어느 개발 도상국에서나 존재감 뚜렷한 코카콜라 홍보용 빨간 플라스틱 의자에 배낭을 누이고 앉았다. 터미널 벽 너머로 지는 붉은 보랏빛 석양 바라보며, 버스 시간만을 기다리고 있었다. 다른 테이블도 버스 기다리는 사람으로 꽉 찼다. 혼자 4인용 테이블을 차지하고 있으니 누가 남은 자리에 앉아도 되냐고 묻는다. 깨끗하게 다린 반팔셔츠와 칼 각 잡힌 정장 바지. 말끔하게 기른 콧수염과 뿔테 안경이 눈에 들어온다. 서류 가방까지 든 모습이 다합에서 보기 드문 차림새였다. 혼자 큰 테이블을 차지하는 것도 매너가 아니니 당연히 앉으라고 해야지. 일 때문에 다른 도시로 간다며 능숙한 영어로 자신을 소개한다. 배낭을 보고 혼자서 대단하다며 '이집트는 어떤 것 같으냐' 등 질문이 이어진다. 어디서 포장해왔는지 자기 저녁이라며 피자헛 박스를 열어 한 조각 권하기도 했다. 낯선 이의 호의가 결코 순수한 의도만 있지 않다는 것을 몇 번 경험했기에……. 일단 거부할 수밖에 없었다.

"행운을 빌어!"

인사를 건네고 아저씨가 떠났다. 다행히 그 아저씨는 나쁜 사람이 아니었다. 또 이집트 사람 향한 편견의 눈으로 그 아저씨에게 의심을 거두지 못해 미안했다. 항상 스스로를 보호해야 한다는 생각에, 순수한 마음으로 다가왔던 사람을 밀어내는 경우도 얼마나 많았을까? 그때마다 상대는 얼마나 상처를 받았을까. 친구가 되고 싶은 마음과 나를 보호해야 한다는 현실 사이. 혼자라 적당한 선을 지키기가 더 어렵다.

장거리 버스 타기 전에 화장실에 한번 가려고 일어났다. 버스 출발시각까지 얼마 남지 않아 서둘러야 했다. 배낭 맡길 곳은 물론 없다. 가방을 통째로 들쳐 메고 화장실로 향했다. 화장실 문 페인트가 다 벗겨져 녹슨 철이 그대로 드러난 꼴을 보니, 내부의 청결도 알 만했다. 아무도 화장실에 돈 내고 들어가는 걸 본 적이 없다. 내가 다가가자 어디선가 열 살쯤 되어 보이는 꼬마 녀석이 쪼르르 달려와 입장료를 요구했다.

'화장실에 돈 낼 수도 있지. 근데 왜 현지인들이 갈 때는 아무 말 없다가 나한테만 돈 내라는 거야? 휴지 한 조각 뜯어주지 않으면서?'

어이가 없어서 주머니에 있던 동전만 몇 개 내밀고 들어갔다. 꼬마가 뭐라 뭐라 큰소리로 불만을 표시했다. 무시하고 내 볼일을 봤다.

'남들은 그냥 들어가던데 돈 주고 들어가는 것만으로 감사해야지.'

'끼-릭, 끼-릭'

쇠끼리 긁히는 소리가 들리는 것 같았다. 다 나간 전구 중 하나만 불이 들어와 내부는 어두침침했다. 쫄쫄 흐르는 물로 손 헹구고 출입문을 열었다. 문이 열리지 않았다.

'문이 왜 잠겨있지? 설마 아까 그 쇳소리가 문 잠그는 소리였나……?'

온몸에 소름이 돋았다. 이 상황이 무서워졌다. 그 꼬마가 내가 돈 덜 준 것에 앙심 품고 문을 밖에서 잠근 것 같았다.

'오늘 야간 버스를 놓치면? 아니, 여기서 못 나가면?'

식은땀이 흘렀다. 문밖에 오가는 사람은 많지만, 갈길 바빠 남 일에 관심 없을 것 같다.

"헬프 미 헬프 미!"

미친 듯 철문을 두드리며 외쳤지만, 아무 반응이 없다. 승차하는 곳과 화장실이 좀 떨어져 있어서 사람들에겐 잘 안 들렸으리라. 머릿속이 새하얘졌다.

'아까 그 자식이 달라는 대로 돈 줄걸. 괜한 자존심 부리다 이게 뭔 상황이냐?'

자책하며 입으로는 더 크게 '헬프 미'를 외쳤다. 문을 주먹으로 쉴새 없이 내리쳤다. '끼이-익' 문이 열렸다. 지나가던 사람이 다행히 내 소리를 들었다. 꼬마는 사라지고 없었다. 갇혀 있던 순간은 몇 분 안 되었지만, 그동안 온갖 생각이 들었다. 아까 정장 입은 아저씨를 의심했다가 미안했다. 만나는 사람을 일단 의심하고 봐서는 안 되겠다, 반성했다. 하지만 이런 일이 생기자 그간 마주친 삐끼들이 생각나며 이집트 사람이 다시 미워졌다. 버스 떠나기 직전이다. 문 열어 준 사람에게 제대로 감사 표시하지도 못한 채 급하게 버스에 올랐다.

자기 나라 찾아 준 낯선 여행자를 신기해하고 반가워하는 사람도 많다. 하지만 세상 어디에나 남 속여서 이득 보려는 사람 혹은 해코지하려는 사람도 있다. 후자가 더 적극적으로 다가오기에 여행자는 늘 피곤하다. 그 사실을 인정하고 이유 없는 친절은 의심해야 한다. 다가오는 호의의 이면을 파악하는 것은 힘들고 어렵지만, 중요한 여행의 기술이다.

이집트 룩소르를 구경하던 날이었다. 오전에 만족스러운 구경을 마치고 봉고 버스를 탔다. 무질서한 도로에서 마침 버스를 잘 잡아타서 원하는 곳으로 한 번에 향했다.

'이 정신없는 도로에서 버스도 잘 잡아타고. 이제 이집트 사람 다되었네!'

흡족한 찰나. 선글라스가 없다. 도수 넣은 선글라스를 여행에서 쓰려 한국에서 맞춰왔는데! 차에 두고 내렸다. 차라리 누가 훔쳐 갔으면 남 탓이라도 하지. 내가 버스에 두고 내려서 탓할 사람도 없다.

저쪽으로 나일강이 보였다. 강가 벤치에 앉아 덜렁대는 나에 대한 화를 가라앉히는 중, 아니나 다를까 또 삐끼가 왔다. 이번엔 나일강 뱃사공이란다. 자기 배를 타 보지 않겠냐고 묻는다. 평소 같으면 지긋지긋한 호객꾼 따위, 눈도 한번 안 마주치고 무시했을 테지만 그땐 속상한 마음을 그냥 말하고 싶었다.

"나 지금 아끼는 물건 잃어버려서 기분이 안 좋고, 크루즈 탈 만큼 돈도 많이 없으니까 다른 사람에게 묻는 게 좋을 거야."

뱃사공 아저씨도 배 타라는 소리 멈추고 자기 이야기를 시작했다. 160 초반 정도 키에 땅딸막한 체형이다. 전형적인 이집트인 곱슬머리에 나이는 40대 초반 정도 되어 보였다.

"나도 가족을 먹여 살리려면 돈 벌어야 하는데, 워낙 손님이 없으니 비싼 가격 부르고 흥정에 들어갈 수밖에 없다. 그런데 여행자들은 자신들을 너무 나쁘게만 본다. 자신도 그러고 싶지 않다."

여행객과 함께 한 달간 나일강을 바람 따라 내려갔던 이야기할 때는 뱃사공도 눈이 반짝였다.

'짜증 나는 호객꾼에게도 나름의 속사정이 있구나.'

그렇게 내 여행 이야기도 하고 뱃사공 아저씨의 나일강 여행 이야기도 들었다. 아저씨가 자기 배에도 한번 앉아보라고 해서 정박한 배 위에 올랐다. 그늘막 있는 작은 나무 모터 배였다. 그깟 선글라스가 뭐라고 속상해했을까. 잔잔하게 흔들리는 배 위에서 부드럽게 달래주는 나일강 바람을 맞으니 그런 고민은 아주 하찮게 느껴졌다. 짙지 않은 물비린내와 그늘막 통해 걸러 들어오는 따뜻한 햇볕이 만족스러웠다. 해 다 질 때까지 배 위에 앉아 일기도 쓰고 지나가는 배 구경도 했다. 그동안 뱃사공 아저씨는 강가에서 호객을 시도했지만 역시 한 명도 낚지 못했다.

"룩소르 사람에게 나일강 동쪽은 살아있는 사람들의 땅, 서쪽은 죽은 사람들의 땅이야."

뱃사공 아저씨가 알려줬다. 나는 유적지 많은 동쪽에 지내기에 서안으로 가볼 일이 없었다. 뱃사공이 자기는 서안에 산다며, 자기 동네에 가서 저녁을 먹자고 제안했다. 이 시간에 배 타고 나일강 건너는 일. 마치 요단강 건너는 듯 꺼림칙했지만, 저녁 먹고 바로 자기 배로 태워준다는 약속을 믿었다. 우리가 하루 동안 진솔한 대화를 나눴다고 생각했다.

한강만큼 커 보이던 나일강도 모터보트로 건너니 금방이었다. 1~2분 만에 서안에 닿았다. 강의 서편은 동쪽보다 훨씬 낙후된 시골이었다. 뱃사공이 아니었다면 영원히 가볼 이유가 없었을 것 같다. 강변에 있는 식당으로 곧장 갔다. 뱃사공이 제일 좋아한다는 닭구이와 에이시(이집트의 식사 빵)로 소박한 식사를 했다. 식사 마칠 때까지만 해도 별 의심 할 거리는 없었다. 자리 털고 일어

날 때 쯤, 뱃사공이 다른 소리를 하기 시작했다.

"내 집을 들러 볼래? 이집트의 일반적인 집이 궁금하지 않니?"

"너희 집은 별로 궁금하지 않아. 이제 시간이 늦어 숙소로 돌아가야 해."

그러자 요구가 점점 노골적으로 변한다.

"이집트 남자가 궁금하지 않니? 너를 즐겁게 해 줄게."

기어이, 이런 결말. 어이가 없다. 하지만 앞뒤 따지지 않고 지금 버럭 화부터 낸다면 이 사람이 어떻게 돌변할지 모른다. 다른 상식을 가진 나라에서 나는 지금 혼자니까.

화를 감추고 좋은 말로 설득을 시도했다.

"이것 봐. 나 약혼했어."

손에 낀 반지로 강조도 해 보고 우리가 처음 나눴던 이야기도 다시 꺼냈다.

어떻게든 뱃사공을 다시 설득해서 강 반대편으로 돌아가야 했다. 돈을 달라면 줄 셈이었다.

긴 설득에도 넘어가지 않자 결국, 뱃사공 아저씨가 백기를 들었다. 나를 다시 강 반대편에 내려주고 뒤도 돌아보지 않고 돌아가더라. 만약 그 상황에서 당황해서 마구 화를 냈다면 어떻게 되었을까? 혹은 그 식당에서 무작정 뛰쳐나갔다면? 지리도 모르는 캄캄한 시골에서 무슨 일을 겪었을까? 아직도 뱃사공 아저씨 눈빛이 변하던 순간을 생각하면 소름이 돋는다. 처음부터 뱃사공이 나를 우습게 보고 접근하지는 않았던 것 같다. 처음에 나눴던 속 깊은 이야기조차 다 없었던 셈 치기 싫은 혼자만의 생각일까?

여행하다 보면 난감한 상황에 부닥칠 수 있다.
'호랑이에게 물려가도 정신만 차리면 산다.'
진부하지만 이 말이 진리다. 난처한 상황에 빠졌을 때일수록 정신 차리고 해결방법을 차분히 그려야 했다. 혼자 다니면서 겪은 아찔한 사건이 많다. 소매치기나 강도는 늘 경계했기에 오히려 덜 만난 편이다. 이불 밖은 위험할 수 있기에 여행자의 안전 수칙을 늘 명심하며 다녀야 한다. 위험한 나라에서는 저녁 늦게 나가지 않기, 현금은 몸에 보이지 않는 곳에 지니기, 그 나라 관습을 존중하고 예의 지키기.

당연한 것을 당연하다고 무시할 때 사고가 일어났다. 나는 혼자이며 스스로 지켜야 한다는 사실. 이 단순한 진리를 명심하고 이불 밖으로 한 발 뻗으면, 새로운 영감 줄 넓은 세상이 우리를 기다리고 있다.

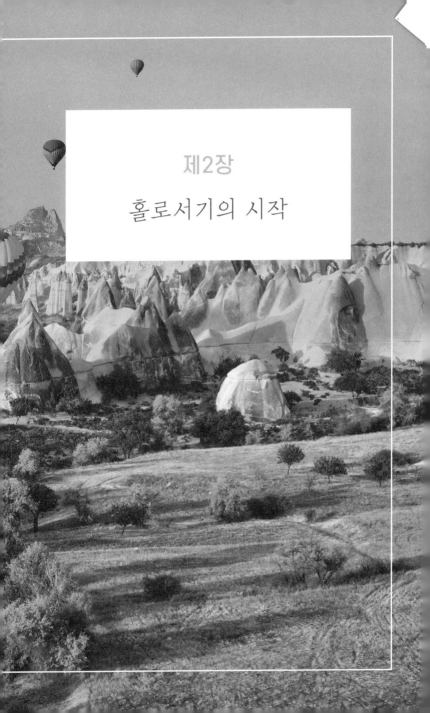

제2장

홀로서기의 시작

1. 공항버스 앞에서

대학교 3학년 1학기였다. 무슨 수업이 있었는지 기억나지도 않을 만큼 학교 수업에는 흥미가 없었다. 처음 맞은 자유에 방황하던 1학년, 점차 적응해 가던 2학년이 지났다. 그날도 대단할 것 없는 하루였다. 강의실 창문 너머로 벚꽃 피기 시작한 봄날, 컴퓨터가 있던 강의실에서 다음 수업 기다리는 중이었다. 다른 학생들이 유럽 여행을 간다며 이것저것 찾아보며 떠드는 소리를 들었다.

'해외여행? 왜 여태 그거 갈 생각은 못 했지?'

1학년 여름방학 : 유럽

1학년 겨울방학 : 미국

2학년 여름방학 : 아프리카

2학년 겨울방학 : 남미

3학년 여름방학 : 동남아

3학년 겨울방학 : 호주

4학년 여름방학 : 중국

4학년 겨울방학 : 아시아

뚜렷한 목표 없이 버티기 연속이던 고등학교 시절, 유일한 취미는 여행기 읽기였다. '한비야 여행기'가 요즘 그 진실성 때문에 논쟁거리기도 하지만 당시 내게는 독서실 책상 넘어 세상을 상상할 수 있는 유일한 창구였다. 고등학생 때 쓴 다이어리를 오랜만에 들여다보니, 당돌하기 그지없는 계획이 남아있다.

이렇게 거창한 계획이 있었으면서 왜 막상 대학생 되고는 도전해 볼 생각을 않았지? 당시 나는 여행은커녕 사소한 어떤 것에도 도전하지 않는 무기력한 인간, 그 자체였다. 캄캄한 고등학교 시절을 지나 비로소 성인이 되었다. 넘치는 시간, 무엇을 하며 보내야 할지 몰랐다. 이도 저도 아닌 채 하루하루가 흘러가는 동시에, 현실에 대한 불만족만 눈덩이처럼 불어났다.

'왜 대학 왔는데 인생이 바뀌지 않지?'

대학생만 되면 곧장 인생이 극적으로 바뀌는 줄 알았다. 부모님, 선생님, 텔레비전에서 다들 그렇게 말해왔으니까. 2년째 대학 다니는 동안 얻은 것? '불만'과 '무기력' 뿐이다. 환경이 바뀐다고 내가 바뀔 리는 없었다. 여전히 목표는 찾지 못했고 달려야 할 이유가 사라진 지금, 더 우울하기만 하다. 다른 학생이 유럽 여행 계획한다는 이야기에 이상하게 마음이 움직였다.

'나도 가봐야겠다. 이번 방학에 바로.'

늘 동경해 온 '여행'이어서 더 빨리 마음이 동한 것도 같다.

해외여행이라곤 초등학생 때 친척들과 간 3박 4일 일본 패키지가 전부였다. 여행은 물론이요, 내 힘으로 해 본 일도 사실 별로 없었다. 해외여행을 가자면 무엇부터 해야 할까? 유럽 여행 가는 사람이라면 누구나 가입한다는 인터넷 카페에서 정보를 얻었다. 갈 나라를 정하고 여행 기간을 정한 뒤 입국, 출국할 나라를 정해서 항공권을 끊어야 한단다. 가고 싶은 나라를 나열해 봤다. 너무 많다. 막막한 마음에 유럽 여행 가이드북 두 개를 샀다. 갈 나라, 도시, 보고 싶은 것. 쭉 베껴 적어 봤다. 더 늘어났다. 그간 억눌려 온 욕망이 종이 위에 폭발한 것 같다. 어찌 되었든 방학 기간 내로 줄여야 한다. 그래도 가고 싶은 도시는 놓칠 수가 없었다. 22살의 나는 '45일간 15개 도시(런던-암스테르담-파리-베

를린-프라하-빈-루체른-인터라켄-베네치아-피렌체-로마-이스탄불-파묵칼
레-카파도키아-이스탄불)'를 방문하는 대단히 빡빡한 스케줄을 완성해 낸다.

방문할 도시를 정했으니 항공권도 구해야지.
'도대체 항공권은 어디서 사야 하나?'
여행 떠나기 전부터 골치가 아프다. 초보 여행자에게는 여행 준비하는 매 단
계가 도전의 연속이었다. 가장 머리 아팠던 것은 숙소 정하기. 한 달 반 동안
묵을 숙소를 거의 다 예약했다. 가보지도 않은 도시 속 적당한 숙소 구하기가
이토록 어려울 줄이야. 초보 여행자는 '접근성, 위생, 안전한 지역 여부' 어느
것과도 타협할 수가 없었다.

그런다고 끝이냐? 아니다. 이동 수단도 정해야지. 버스와 기차를 저울질해
본 결과, 유레일패스가 유리하겠다. 유레일패스도 미리 사둔다. '이탈리아 로
마'와 '터키 이스탄불'을 잇는 저가 항공도 예약했다. 이제 여행 준비는 끝이겠
지? 아니다. 이 모든 것을 예약하고도 불안하기만 하다. '셀프 가이드북'도 만
들었다. 매일 방문할 곳, 먹어야 할 것, 이동 수단, 숙소 주소 등. 여행의 모든
것을 조사하고 담아내느라 또 한 번 눈알이 빠질 지경이다.

모든 준비가 완벽한 듯 보이는 첫 유럽 여행 전날 밤. 드디어 집에 있는 캐리
어에 짐을 싸 본다. 뭐야, 가방이 너무 작다. 가고 싶은 도시만큼 짐도 폭발했
다. 24인치 캐리어로는 터무니없이 부족했다. 내일 새벽에 떠나야 하는데, 벌
써 밤 10시가 넘었다. 그동안 여행 준비로 그렇게 바빴지만 짐은 챙겨보지 않
았구나……. 늦은 시간까지 연 대형 마트로 달려갔다. 매장에서 가장 커 보이
는 캐리어를 급하게 사 왔다.

'옷가지는 옷장에 넣는 것처럼 접기보다 돌돌 말아서 넣어야 부피도 적게 차지하고 덜 구겨진대, 세면용품은 욕실에 걸 수 있는 고리 달린 파우치에 담는 것이 좋대.'

여기저기서 수집한 짐 싸기 팁을 떠올리며 가방을 쌌다 풀었다 반복했다.

내일 오전 11시에 비행기라서 9시 전엔 공항에 도착해야 하고, 그럼 5시쯤 공항 리무진을 타야 하니까 4시엔 일어나야 하고…….

'그냥 밤을 새우는 게 낫겠다…….'

얼렁뚱땅 정신없는 첫 여행 준비가 일단락되었지만, 실감은 나지 않는다.

'혼자 어딜 가겠다는 거지? 외국을 혼자 갔다 올 수 있을까?'

그러던지 말던 지, 시간은 흘러 집 떠나야 할 때가 되었다. 캄캄하던 시간, 버스 터미널에 도착했다. 버스 짐칸에 뚱뚱하고 무거운 캐리어를 싣는다.

'진짜 가야 하나……?'

버스에 올라타니 눈물이 찔끔 났다. 끝내 콧물까지 줄줄 흘렸다. 누가 보면 타지로 유배 가는 사람처럼 펑펑 울었다. 유리창 밖으로 손 흔들던 엄마와 남자친구는 그 꼴에 웃음이 터졌다.

그 뒤로도 떠날 때마다 공항버스 앞에서 울었다. 나를 믿게 될 때까지 매번 말이다. 새로운 도전은 즐겁지만 두렵다. 좋아서 가는 여행길이다만, '혹시나' 싶은 염려가 드는 것도 사실이다. 누가 떠밀어서 가는 여행도 아닌데. 공항 가는 길에 나는 늘 혼자 가는 길이 무서워서 울었다.

인천에서 런던으로 가는 첫 비행 편. 말레이시아 쿠알라룸푸르 공항을 경유했다. 이후 티켓에 'Frequent-flyer(자주 비행기 타는 사람)'가 찍혀 나올 때까지 비행기라면 수없이 탔지만, 인생 첫 여행을 함께한 말레이시아 항공에 대한 기억은 각별하다. 출발 전 말레이시아 항공은 기내식과 서비스가 엉망이라는 후기를 봤다. 직접 겪어 보니, 말레이시아 항공 기내식 'Sea food rice' 속 새우는 탱글했고 향신료도 그닥 거슬리지 않았다. 밥 주고 커피 주고 간식까지 주는 고급진 사육. 처음이기에 비행 자체가 즐거웠다. 다행히 까다롭지 않은 신체와 입맛을 타고나서 여행에 큰 도움이 된다. 비좁다는 이코노미 클래스 좌석 간격, 딱 우리나라 여자 평균 키인 내게는 견딜 만했다. 비행기의 둥근 창 너머로 보이는 풍경이 멋지다. 탄 맛 강한 커피를 주지만, '구름 뷰' 보는 맛에 그럭저럭 마실 만하고. 그간 여행 계획 짜느라 고생한 몸과 마음이 치유되는 느낌이었다. 식후 커피로 카페인을 충전했는데도, 비행기에서는 어쩐지 자주 졸리다. 기내 담요를 덮고 눈 붙였다가 또 밥 먹었다가, 화장실도 갔다 오니 쿠알라룸푸르까지 금방이었다.

환승 공항에 내렸다. 여기서부터는 '눈치'를 살려야 한다. 남들 향하는 대로 따라갔다. 서류 쓰고 화살표 따라 걸으니 환승 존에 무사히 들어왔다. 경유 시간이 무려 일곱 시간이다. 기준시간 이상이라 공항 라운지를 제공해준다고 했다. 사전에 항공사에 라운지 예약 이메일을 보냈고 긍정의 답변도 받았다. 당당한 발걸음으로 라운지에 갔다.

"이 티켓은 라운지 이용이 불가능합니다."

한 가닥의 잔머리도 허용하지 않겠다는 듯 완벽하게 머리를 틀어 올린 항공사 직원. 입구에서 나를 막아서다.

이용 가능한 와이파이를 찾아 공항 안을 뒤졌다. 확인받은 메일을 열었다.

"여기 보세요. 미리 연락했는데, 왜 안 되죠?"

그제야 직원이 타닥타닥 전산을 뒤져본다. 그럼 그렇지. 그제야 라운지로 안내받을 수 있었다.

영어라고는 학교에서 배운 문법, 시험 위주 영어가 전부다. 낯선 곳에서 부당한 취급을 받으니, 누구에게 잠시 영어 실력을 빌린 것처럼 말이 술술 나왔다. 이후로도 비슷한 경험이 많았다. 하고 싶은 말만 겨우 전달하던 영어 실력이었지만, 위기상황이 닥치면 나도 모르게 말이 터져 나왔다. 위기경보가 발령되면 뇌세포 하나하나가 한계까지 능력치를 짜내는 모양이었다. 물론 남이 보면 유창할 수준은 아니겠지. 그래도 늘 위기 상황을 해결할 정도는 되었다. 심지어 말 안 통하는 남미에서도 그랬다. 스페인어라고는 '숫자, 인사, 얼마에요' 밖에 모른다. 곤란하면 다 수가 떠올랐다. 표정만으로도 가능할 때도 있고, 좀 더 심각하면 손짓과 발짓을 동원했다. 정 안되면 물어물어 동네에서 영어 조금 하는 청년을 찾았다. 극한 상황에서 문제를 해결해내는 내 능력. 예상보다 대단했다. 여행을 떠나지 않았다면? 내 안 잠재력을 영영 발견하지 못했을지도 모른다. 환승 공항에 닿자, 이내 '이제 진짜 나 혼자'라는 사실을 깨달았다. 몇 시간 전까지만 해도 눈물과 콧물을 섞어서 짰지만, 직면한 현실에 정신이 퍼뜩 들었다.

꽤 어렵게 라운지에 입성했다. 혼자 외국 공항 온 것도 처음인데 공항 라운지는 더 생소하다. 편안한 소파에서 노트북 펴고 업무 보는 사람, 안대 끼고 자는 사람이 보인다. 빈 소파에 자리를 잡았다. 비행기 좌석과는 비교도 안 되게 폭신하다. 잔잔한 재즈 음악이 흘러나온다. 따듯한 조명 아래 차려진 작고 귀여운 디저트를 맛봤다. 살짝 마음에 여유가 생겼다. 라운지 내 와이파이가 빵빵하다. 혼자 놀러 가는 딸 때문에 어제저녁까지 캐리어 구하러 같이 뛰어가야 했던 엄마. 엄마가 생각나 카카오톡 전화를 걸었다. 예상하지 못한 타이밍에 울리는 전화 소리에 엄마가 적잖이 놀랐나 보다.

"어떻게 벌써 전화해? 도착했어?"

"아니 방금 환승 공항에 도착했어. 잘 다녀올게."

"벌써? 환승 공항이 어디라고?"

"말레이시아!"

"그래, 재미있게 놀다… 와… 야… 해…. 알지?"

한국과 말레이시아 거리 만큼 목소리가 뜨문뜨문 끊겼다. 몇 시간 떨어져 있었다고, 벌써 서로가 반갑다.

두 번째 비행기를 타고 런던 히스로 공항에 도착했다. 미리 조사해온 대로 지하철을 타고 숙소로 가면 된다. 이정표 따라가니 표 사는 곳이 나오고 물 흐르듯 지하철로 연결됐다. 우리나라와 별다를 것도 없는 역과 객실. 카메라로 연신 찍어댔다. '외국에서 혼자 지하철 탔다'는 사실마저 신기했다. 맞은편에 앉은 영국인도, 캐리어 꼭 붙든 다른 여행객도, 빠르게 지나가는 차창 밖 풍경도. 모두 다 새로워 눈이 핑핑 돌아간다. 누가 봐도 처음 영국 와서 신난 사람처럼 보였을 것 같다. 영어 방송이 나오지만 잘 못 알아듣겠다. 내릴 역을 놓칠세라 정류장을 지날 때마다 손가락을 접었다.

첫 숙소는 한인 민박이었다. 한인 민박은 외국 사는 한국인이 운영하는 한국인 대상 민박집이다. 한국인 주인에게 현지 정보를 얻을 수 있는 동시에 투숙

객도 전부 한국인이라 편하다는 장점이 있다. 하지만 한인 민박은 대게 현지에서 불법으로 영업하는 경우가 많아 정확한 주소를 노출하지 않는다. 내 첫 한인 민박 찾아오는 길 설명 역시 '숙소 근처 지하철역에 내려 전화하세요'라고 마무리되어 있었다. 여행에 대한 무식한 로망으로 로밍을 신청하거나 현지 유심을 사지 않았다. 다행히 지하철역 개찰구를 나오니 바로 공중전화가 보였다. 1파운드 동전을 넣고 적어 온 숙소 전화번호를 꾹꾹 눌렀다. 알아들을 수 없는 자동응답 멘트가 들리더니 갑자기 뚝 끊겼다. 못 알아듣는 내 잘못이지. 다시 1파운드를 넣었다. 이번에는 다행히 숙소와 잘 연결되었고 숙소 주인이 얼른 픽업을 왔다. 주인 만나 말 잘 통하는 곳에 오자 마음이 확 놓였다. 초보 여행자라면 한인 민박도 추천할 만하다. 단, 여행 초반 적응을 도울수 있게 한두 도시까지만 권하고 싶다. 내내 한인 숙소만 이용하는 것은 다양한 경험을 위해 떠난 여행길의 의미를 퇴색시킬지도 모르니까.

말 잘 통하는 한인 민박에서 겨우 한숨을 돌렸다. 숙소 주인에게 지도를 건네받고 대략적인 관광지 설명도 들었다. 그래도, 다시 말 안 통하는 런던 속으로 나가려니 망설여졌다. 일단 집 밖으로 발을 떼면 어느 방향으로 몸을 틀어야 할지도 모르겠다. 휴, 그렇다고 내내 숙소 안에만 있을 순 없지. 민박 주인에게 어느 쪽으로 걸어가야 하는지 묻고 현관문 손잡이를 밀었다.

영어 간판과 광고, 우리나라와 반대로 굴러가는 차, 양쪽으로 활짝 열리는 나무 창, 새빨간 이층버스와 전화 부스, 바쁜 하루를 시작하는 영국인들까지. 모든 것이 새롭다. 세상 모든 것이 신기한 어린아이처럼 눈이 바삐 돌아간다. 큰길로 꺾었다. 빼꼼 고개를 내밀었다. 우울하기로 유명한 런던 날씨답게 공항에서 숙소 오는 아침까지도 날이 흐렸다. 길을 나선 지금, 무지개는 없지만 런던아이가 무지개처럼 걸어가는 방향으로 떴다. 멈춰 선 런던아이 무지개가 영국에 무사히 도착한 나를 환영하는 플래카드 같았다.

어제까지 눈물, 콧물 짜던 내가 달라진 것 같다. '비행기 타기, 환승 라운지 이용하기, 숙소까지 지하철로 이동하기'를 해냈다. 누가 보면 별것도 아닐 일이지만, 초보 여행자에겐 오늘 한 일들이 엄청난 성취처럼 느껴진다. 민박에서 나가기 전에는 그렇게 걱정되더니. 막상 새 아침을 맞아 활기찬 런던 길거리에 나오니 심장이 터질 것 같다. 중심가로 향하는 발걸음이 가볍다.

늘 계획대로 살아왔고 그렇게 사는 편이 편했다. 첫 여행도 마찬가지였다. 하루 여행지, 맛집, 경로까지 샅샅이 조사해 왔다. 완벽한 계획을 위해서는 실제 여행 시간보다 더 오랜 준비가 필요했다. 처음엔 어쩔 수가 없다. '발 닿는 대로 향하는 여행이 최고' 따위의 말, 아무리 들어도 두렵다. 3박 4일 같은 짧은 여행은 여유가 없어서, 더 오랜 여행은 그 긴 시간을 무엇으로 채워야 할까 막막해서. 새로운 곳으로 떠나기 전 우리는 늘 검색하고 계획한다.

여행 초보이자 걱정 많은 나 역시 마찬가지였다. 몇 날 며칠을 검색해서 전반적인 여행 경로를 정했다. 이동 수단, 도시별 숙소, 각지의 유명한 장소, 무엇을 먹을지, 그 도시에 가면 꼭 해야 할 것들 등……. 한 달도 넘게 '완벽한 내 첫 유럽 여행 계획'을 위해 매달렸다. 연습장만큼 두꺼운 45일간의 계획이 탄생했다. 다행히 철두철미했던 계획이 꽤 잘 통했다. 보고 싶은 것도, 맛보고 싶은 것도 많기에. 매일 매일을 알뜰하게 쓰는 내가 대견했다.

여행자의 필수품, 구글 맵도 사용할 줄 몰랐다. 주요 관광지 지도까지 미리 셀프 가이드북에 인쇄해왔다. 방향감각이 없는 편이다. 그래서 길에서 헤매는 시간이 많기는 하다. 하지만 끝내 목적지까지 못 간 적은 없다. 종이 지도를 들여다보다 영 답이 없다면 행인에게 도움을 구했다.

'한 블록 내려가다가 우회전해서 두 블록을 가세요.'

잘 이해되지 않는 말, 일단 그대로 따라가다 보면 찾던 곳이 나오기도 했다. 잘못 갔다면? 한 번 더 물었다. 첫 도시, 런던에서 오늘도 발에 땀나게 돌아다니다 보니 하늘이 어둑어둑하다. 숙소로 돌아갈 시간이다. 셀프 가이드북을 보니 숙소로 가려면 '버스를 타야 한다.'라고 만 쓰여있다. 아마 다른 곳에서 보고 단순히 옮겨 적은 것이겠지. 몇 번 버스를 타야 하는지, 어느 방향인지는 없다. 지금이라면 구글 맵으로 단번에 검색하고 말겠지만 그때는 이처럼 버스 한번 타기조차 쉽지 않았다. 근처 버스정류장으로 걸어가니 버스 기다리는 사람이 보였다. 이어폰 속 음악에 심취한 드레이드락 머리 흑인 청년. 귀와 코, 입술에 걸린 피어싱만 세어도 열 손가락은 넘겠다.

'아, 저 사람에게 물어도 될까? 좀 무서운데……'

보이는 사람이 그 청년밖에 없다. 용기 내어 말을 걸었다.

"실례합니다, 여기 가려면 무슨 버스를 타야 해요?"

순간 살얼음 깨지는 것처럼, 청년의 표정이 풀렸다. 기꺼이 이어폰을 빼고 버스 번호와 내릴 정류장을 일러줬다. 한 번에 잘 못 알아듣자 아주 느리고 친절하게 반복하며.

사진으로만 보던 '장소 혹은 음식'을 직접 경험하는 재미 역시 짜릿했다. 프랑스 파리는 마카롱이 유명하다기에 '피에르 에르메'라는 디저트 가게에 찾아갔다. 같은 목적으로 온 여행객이 열 평 남짓할 가게 앞에 줄지었다. 귀금속에나 쬐줄 법한 노란 조명 받아 쇼케이스 아래 마카롱이 더 영롱하게 빛났다. 마카롱은 다 동전만 한 줄 알았더니 손바닥만 한 마카롱도 보였다. 꼬끄와 꼬끄 사이를 산딸기와 정갈하게 짠 필링으로 채웠고 장미 꽃잎까지 올려 마무리했다. 음식이 아닌 보석함을 보는 것 같다. 그 옆에는 맛별로 행렬 맞춰 둔 마카롱이 가득하다. 가장 끌리는 맛 세 알을 샀다. 가게에서 나와 얼른 맛을 봤다. 라즈베리 맛 마카롱. 한입 베어 물고 충격받았다. 갓 딴 라즈베리 열매를 먹는 것처럼 상큼했다.

'설탕이랑 아몬드 가루 섞어 구운 과자가 어쩜 이렇게 상큼하지? 달아서 많이 못 먹을 줄 알았는데, 이렇게 맛있다면 스무 개도 먹겠다.'

다음에 다시 파리에 온다면, 피에르 에르메 마카롱을 맛별로 새하얀 호텔 침대 시트에 늘어놓고 와구와구 먹고 싶다는 상상을 했다.

파리를 지나 네덜란드 암스테르담에 갔다. 마침 연수차 잠시 유럽에 온 친구가 있었다. 시간이 맞아 암스테르담은 함께 여행하기로 했다. 둘 다 인터넷도 전화도 안 됐지만, 약속한 시각에 정확히 암스테르담 중앙역에서 만났다. 철저한 계획 덕에 가능했던 일이다. 강 하구에 둑을 쌓고 인공적으로 쌓아 올린 도시, 암스테르담. 크고 작은 운하가 도시 곳곳에 혈관처럼 퍼져있다. 우리는 이곳에서만 경험할 수 있다는 특별한 숙박 시설, 보트텔에서 지내기로 했다. 보트텔이란 운항 정지한 배를 개조해 만든 숙박 시설이다. 강 위에서의 하루. 낭만적일 것 같은 설명에 홀려 일찍이 예약해 뒀다.

입구부터 독특하다. 길이 아닌, 강물에 삭아 삐걱거리는 선착장을 통해 숙소로 들어섰다. 덩치 좋은 네덜란드 아저씨가 유창한 영어로 숙소 설명을 건넸다. 선실을 개조한 방은 그야말로 2인용이다. 겹겹이 칠해진 니스칠이 나이를 가늠케 하는 나무문을 열고, 방 안으로 들어가면 2층 침대가 바로 보였다. 키 163cm인 내가 눕기에도 편안하지는 않을만큼 좁은 침대. 선상 공간을 최대한 활용하기 위해 최소한 크기로 지었나 보다. 그래도 너무하다. 네덜란드 남자 선원이 이 침대에서 잘 수 있었을까? 남은 바닥 공간은 각자 가져온 가방 두 개를 펴면 꽉 찼다. 세면대는 객실 안에 있지만, 샤워실은 공용이었다. 객관적으로 무척 불편한 방이다. 나무 바닥은 삐걱거리고 침대는 지나치게 좁으며 샤워실도 방 밖에 있다.

그래도 보트텔이 살아남은 이유가 있었다. 그 불편함을 기꺼이 감수할 만했다. 방마다 방수 실링 처리된 창문이 있는데 스펀지밥 집 창문처럼 둥그런 모양이었다. 창문 너머로 강물이 1/3쯤 차서 일렁였다. 침대에 누워 쉬는 잠깐 사이에, 창 너머 백조가 지나간다. 새하얀 몸과 대비되는 까만 얼굴. 바로 옆에 누운 인간에게 눈길 한번 주지 않은 채 제 할 일을 한다. 그러다 곧 포슬포슬해 보이는 깃털을 한껏 세우고 유유히 멀어진다.
'침대에 누워 이런 풍경을 볼 수 있다니.'
르네상스 시대 그림 속으로 들어온 듯 만족스럽다.

시내 구경 마치고 숙소로 돌아오는 길에 꼭 해야 할 일이 있다. 암스테르담 명물, 손가락만큼 굵은 감자튀김을 포장해 와야 한다. 그 감자튀김과 네덜란드산 하이네켄 한 캔을 들고 해 질 녘에는 갑판으로 올라갔다. 도심 한가운데, 위치 좋은 배 위에서 강바람 맞으며 석양을 즐겼다. 어둑어둑해지며 지붕 뾰족한 옛 건물들에 노오란 불이 켜진다. 해가 완전히 떨어질 때까지 갑판 맥주를 즐겨줘야 한다. 못 견디게 바람이 쌀쌀해지고서야 아쉬운 마음으로 내려오곤 했다.

첫 해외여행을 최고로 즐기고 싶은 마음에 '아는' 방법대로, 꽉 채운 가이드북을 만들었다. 가보고 싶었던 베르사유 궁전, 에펠탑, 프라하 야경, 스위스 산악열차, 베네치아 운하, 카파도키아 열기구, 먹어보고 싶었던 디저트, 꼭 살 것 등. 빽빽하게 채워진 여행 버킷리스트였다. 겁 많은 초보 여행자의 간절한 소원이 하늘에 닿은 걸까? 여행은 순조롭게 이뤄지는 듯 보였다. 낯선 땅에서도 성실하게 버킷리스트를 지워나가는 내가 장했다.

선천적으로 모험을 즐기는 사람이 있겠지만, 그렇지 못한 소시민이 더 많다. 나 역시 후자에 가깝다. 겁나면, 준비하면 되더라. '닥치면 다 한다'가 진리다. 나는 생각보다 대단하며 위기 대처능력을 갖춘 사람이었다. 두려워서 시도조차 해 보지 않는다면, 아직 나도 모를 내 모습, 영영 발견할 수가 없을지도 모른다.

미디어에서만 접하던 장소, 직접 와 있다는 사실이 너무 신났다. 모든 장면을 사진에 담고 싶었다. 내 시각에서 올려다본 성당 스테인드글라스, 화려한 궁전 실내 장식 앞에 선 나, 처음으로 맛본 에스카르고, 본토 티라미수. 내 철저한 계획은 잘 통했고, 이년 전에 산 미러리스 카메라는 쌩쌩했다.

유럽 여행 일정 중반을 넘겼다. 이탈리아 베네치아에서의 일이다. 바다를 메워 세운 수상 도시, 베네치아는 그 이국적인 모습 덕분에 어디로 카메라 렌즈를 들이대도 작품이었다. 노래 부르며 수로 따라 노 젓는 곤돌라, 곤돌라 정박을 위해 개펄에 박아놓은 수십 개의 나무 막대, 그 위에서 잠시 숨 고르는 갈매기, 버스 대신 바닷길을 잇는 수상 버스, 계단 바로 앞까지 물이 찰랑한 빨강 지붕 집. 이 도시가 세계적인 여행지로 손꼽히는 까닭이 분명했다. 별다른 사진 기술 없는 나도 이 순간을 기록하고 싶어서 끊임없이 셔터를 눌렀다. 젤라토 두 스쿱을 손에 쥔다면, 미로처럼 이어진 골목을 종일 뺑뺑 돌아도 지루하지 않았다. 8월의 이탈리아, 돌바닥에서 아지랑이가 일어날 만큼 뜨겁다. 베네치아는 수로에서 습기까지 계속 공급되어 더 끈적한 날씨가 된다. 땀 잘 안 나는 체질인 줄 알았건만 베네치아의 덥고 습한 날씨에 매일 속옷은 물론 티셔츠까지 땀에 절고 말았다.

해 질 녘, 수상 버스에서 바라보는 베네치아 모습이 장관이라고 했다. 레몬 맛 맥주 '페로니' 한 병을 사서 수상 버스에 오른다. 버스는 좁은 수로를 빠져나가 큰 바다로 나가 그대로 베네치아를 크게 한 바퀴 돈다. 이 시간, 나와 같은 기대로 수상버스에 올라탄 사람이 많다. 갑판으로 사람들이 몰린다. 거의 유람선 같은 분위기에 몇 없는 갑판 좌석은 이미 만석이다. 난간에 기대서서 바람을 쐰다. 바닷물이 수상 버스 프로펠러 뒤쪽으로 갈려 나간다. 배 뒤로 규칙적인 꼬리가 생겼다가 옅어진다. 교회 철탑은 습기 머금은 바닷바람에 이미 푸르게 산화된 지 오래다. 집들의 붉은 지붕은 석양을 맞아 더 벌겋다. 바닷바람이 등 뒤를 스치듯 식혀준다. 드디어 조금 낮아진 공기 온도가 반갑다. 다음에는 사랑하는 사람과 이 유람선 같은 버스를 타고 싶다고 생각했다. 계획대로 빛나는, 완벽한 찰나였다.

이렇게 베네치아에 푹 빠져있던 중, 예기치 못한 시련이 발생했다. 베네치아와 가까운 무라노, 부라노 섬에 가는 날이었다. 가수 아이유가 뮤직비디오를 촬영해 갈 만큼 형형색색의 색채가 풍부한 섬이랬다. 그 섬에서 나도 '인생샷' 남길 각오였다. 베네치아 본섬 건물이 톤 다운된 은은한 성숙미라면, 부라노 건물은 통통 튀는 날것 그대로의 색이었다. 쨍한 건물 벽 페인트 빛깔들이 초입부터 시선을 확 사로잡았다. 주황 벽돌로 쌓은 벽에 창문은 초록 페인트로 칠한 집도 보이고, 고무장갑처럼 쨍한 분홍, 활엽수처럼 짙은 초록, 바다같이 깊은 파랑 벽이 이웃한 거리도 있었다. 벽에 칠해진 색깔을 잘라 모으면 색 도표 한 권은 나오겠다. 이 섬에 온 모두가 색색 벽에 기대어 기념사진 남기는 데 여념이 없었다. 나 역시 마찬가지였다. 사고는 방심할 때 찾아왔다.

카메라 렌즈는 충격에 약하다. 하나뿐인 카메라, 항상 목에 걸어 몸 앞쪽으로 두고 걸었다. 이 섬의 화려함에 이성 잃은 나. 끈을 한쪽 어깨에 대충 걸친 채 이리저리 쏘다녔다. 코너 길에서 몸을 돌리다가 카메라가 벽에 퍽하고 부딪혔다. 그 소리에 깜짝 놀라 얼른 카메라를 작동시켜 봤다. 렌즈가 앞으로 나오지 않았다. 렌즈를 분리해 카메라 바디에 다시 끼워도 보고 여러 번 전원도 껐다

켜 봤다. 소용없었다. 인생샷 남기고자 이른 시간부터 서둘러 이 섬에 왔다. 사진 기록이 거의 여행 그 자체였던 당시, 하나뿐이던 카메라가 고장 난 것은 여행 의미가 사라진 것과 다를 바 없었다. 부라노 섬의 쨍한 색채들, 무라노 섬의 섬세한 유리공예. 눈에만 담고 숙소로 돌아와야 했다.

다음 날 숙소 직원에게 카메라 수리점 위치를 물었다. 직원 역시 인터넷 검색을 통해 '소니 카메라'를 찾아 줬다. 관광 중심지에서 꽤 멀었던 수리점. 간신히 찾아갔다. 닫혀있다. 시간만 날렸다. 어디를 찍어도 엽서가 탄생하는 베네치아, 이제는 내 카메라로 담을 수 없다. 앞으로 카메라로 사진 한 장 남기지 못하고 여행을 이어가야 한다니. 착잡했다. 런던에서 베네치아까지 오는 동안 어딜 가도 '내 모습 담은 유명 여행지'를 남기느라 바빴다. 풍경도 잘 나와야 하고 나도 예쁘게 나와야 했다. 두 마리 토끼를 모두 잡을 사진은 건지기가 결코 쉽지 않았다. 마음에 들지 않으면 수십 장도 찍었다. 돌아와서는 잘 들여다보지도 않을 사진 한 장을 위해 엄청난 노력을 기울였다. 그 후로 며칠간 카메라 없이 다녔다. 뜻하지 않게 여유로워졌다.

'다음에 갈 도시 피렌체는 베네치아와 비교할 수 없는 대도시니까 카메라 수리할 수 있겠지.'

피렌체에 도착하자마자 카메라 가게를 찾아갔다. 우리나라 '당일 접수, 내일 수리 완료' 같은 AS 체계는 상상할 수 없었다. 수리하는 데 한 달은 걸린다며 그냥 새로 사는 편이 나을 거라고 했다. 멀리서 수입되다 보니 가격은 한국의 두 배였다. 카메라를 덜컥 사 버리면 여행 경비에 차질이 생겼다. 결정지도 해결하지도 못하고 숙소로 돌아왔다. 피렌체에서는 고칠 수 있다고 틀림없이 믿고 있었는데, 다 물거품이 되었다. 아무것도 하기 싫다. 온몸에 힘이 쭉 빠

져 그저 눕고만 싶었다. 그 아름답다는 피렌체 두오모, 리알토 다리도 별로 가고 싶지 않았다.

　호스텔로 들어오니 새로 들어온 여행자가 보인다. 좀 전에 도착했는지 침대에 앉아 짐을 주섬주섬 푸는 중이다. 처음 보는 여행자끼리도 반갑게 인사 나누는 호스텔의 문화를 모르는 바 아니지만……. 그럴 기분이 아니었다. 가벼운 인사만 건넨 뒤 내 침대로 기어들어 가려 했다. 그 아저씨가 보기에 내 얼굴이 심각했나 보다.

"무슨 일 있어?"

붙임성 좋은 아저씨가 묻는다.

"카메라가 고장 났는데, 고치는 데 실패했어."

"한번 줘 볼래?"

아저씨가 카메라 상태를 이리저리 살핀다.

"어차피 고장 난 거지? 부서져도 그만 아니야?"

말릴 새도 없이 아저씨가 경통을 강제로 잡아 뺀다. 카메라가 벽에 부딪히며 렌즈 내부 원통이 찌그러진 것 같다고 했다. 아저씨가 그걸 힘으로 당겨내기 시작했다. 무식하지만 단순하게 당기고 집어넣기를 반복했다. 어차피 포기한 렌즈라서, 나도 이제는 '될 대로 돼라'는 심정이었다. 대 여섯 번 반복했을까? 렌즈가 스스로 움직였다. 강제로 당기고 밀어 넣는 과정에서 구겨진 부분이 펴진 모양이다. 이렇게 쉽게 고쳐지다니. 어이가 없다. 알고 보니 그 아저씨는 촬영으로 먹고사는 카메라 전문가였다!

　카메라가 고장 났을 때 여행이 끝난 것만 같았다. '완벽한 계획'에 없던 사건이 발생하자 당황했다. 다시 그 계획에 다가가기 위해 전전긍긍했다. 머리에서 열나게 고민해도 해결되지는 않았다. 문화가 다른 곳에서 내 상식대로 해결하려 달려드니, 풀릴 리가 없지. 완벽한 계획은 존재할 수도 없고, 존재하지도 않기에 여행이 즐겁다는 진리를 몰랐다. 현지 상식에 맞추며 유동적으로 행동하고, 안 되는 일은 내려놓을 줄도 알아야 했다. 그깟 카메라 때문에 이탈리아의 멋진 풍경 감상할 수 있는 시간을 얼마나 날렸을까. 안되면 버릴 마음으로 경통 잡아 당겨준 아저씨처럼, 단순하게 생각하는 편이 더 도움이 될 때가 있었다. 몇 수 앞일을 철저히 계산하며 다니자면, 여행이 힐링 혹은 자기 성찰 기회가 아닌 고행의 시간이 되기도 했다. 보챌수록 원하는 것에서 멀어지고야 만다는 진리를, 그때는 몰랐다.

내게 여행길은, 여행 그리고 여행과 닮은 인생도 결국은 혼자라는 것을 느끼게 해주는 시간이었다. 사무치게 외롭지만, 외로움을 다른 '사람'으로 채우려는 것은 근본적 해결이 될 수 없었다. 그런 시도는 또 다른 불행의 시작일 수 있다는 것. 가끔은 그 외로움에 잠겨서 살아갈 방향을 생각해 보는 시간도 필요하다는 것, 외로움과 고독은 필연적 숙명이기에 다스릴 줄 아는 자가 결국엔 승자라는 것을 배웠다.

이렇게 재수 없는 소리를 하지만, 처음부터 '혼자'가 쉽지는 않았다. '혼밥'은 눈치 보였고, 단짝 또는 애인끼리 사이좋게 여행 온 무리가 부럽기도 했다. 도저히 혼자 가고 싶지 않은 놀이공원이나 긴 투어 시작 전에는 동행을 구한 적도 있다. 그런데도 '나 홀로 여행'을 목 놓아 예찬하는 이유는 분명하다. 익숙한 사람과 환경에 둘러싸인 일상. 우리는 그 속에서 대체로 사회적 행동을 요구받는다. 예를 들어 이런 상황 말이다. 점심으로 먹고 싶은 메뉴가 있지만, 대세에 따르고 말았던 때. 좋아하는 친구에게 맞추기 위해 관심도 없는 SF 장르 영화를 반쯤 졸면서 봤던 기억. 단체 여행에서 민폐 끼치지 않기 위해 관광 명소는 얼른 보고 버스에 앉아 기다리던 시간. 원활한 혹은 최소한 사회생활 위해 내 주관을 포기해야 할 때도 있기 마련이다.

평소에 밥을 느리게 먹는 편이다. 가족과 식사해도 매번 가장 늦게까지 먹는 사람은 나다. 밥알이 침과 반응해 단맛으로 변할 때까지 꼭꼭 씹는다. 대충 씹지 않고 꼼꼼히 씹을 때, 입속에서 톡톡 터지는 현미의 식감이 좋다. 오가는 사람들로 북적이는 관광 지구에서 첫 혼밥 할 때였다. 괜히 이상한 사람으로 보이진 않을까 이리저리 눈치를 보고 손톱 거스러미만 잡아 뜯었다. 생각보다 사람들은 남에게 관심이 없었다. 식당도 팔아주겠다는데 손님을 거부할 이유는 없고.

혼자 앉은 테이블로 차례로 서빙되는 '세미 런치 코스'를 맛봤다. 따뜻한 버터와 함께 나온 식전 빵을 단맛 느껴질 때까지 꼭꼭 씹었다. 식전 빵인데도 바게트 한 줄은 다 썰어주는 것 같다. 따뜻하고 바삭한 바게트가 고소해서 계속 집어먹게 된다. 남 먹는 속도에 맞추지 않아도 돼서 마음이 편하다. 바질페스토 소스 달팽이요리가 여섯 알 나왔다. 주황, 노랑 줄무늬가 껍질에 선명했다. '달팽이'라는 이름에 거부감이 조금 느껴졌지만, '소라'는 환장하고 먹으니까 이것도 비슷하겠지 생각하기로 했다. 달팽이 살을 긴 포크로 살살 돌려 꺼내서 씹어봤다. 상상대로 쫄깃한 소라와 비슷한 맛이다. 여섯 마리 정도는 금방 사라졌다.

'아, 이래서 애피타이저인가보다.'

찐 감자, 그린빈 줄기 볶음을 곁들인 고기 요리가 메인으로 제공되었다. 은은한 와인 향이 느껴지는 소고기 요리는 압력솥에서 오래 쪄낸 갈비찜같이 입속에서 살살 흩어졌다. 디저트로는 크림브륄레가 나왔다. 손바닥보다 작고 나직한 그릇에 커스터드 크림을 담았다. 그 위에 설탕을 잔뜩 올리고 토치로 녹여 달고나 사탕처럼 굳혔다. '톡톡'하는 숟가락 노크에 얇은 설탕 막이 '파삭-'하고 깨졌다. 바삭한 달고나와 고소한 커스터드 크림을 동시에 떠서 입에 넣었다.

'세상에 이렇게 맛있는 음식이 있다니!'

크림브륄레를 설거지할 기세로 바닥까지 싹싹 긁어먹었다.

음식도 문화라는 생각으로 각 나라 명물을 맛보려 노력했지만, 아침 든든히 먹어 점심때 돼도 배가 고프지 않으면 커피와 쿠키 하나로 때우기도 했다. 혼자라 때맞춰 식사할 필요가 없었다. 배고프면 식당을 찾고, 아니면 좀 더 구경하고. 뭐든 내 타이밍에 맞추면 되었다. 남에게 맞춰주는 학습은 여태껏 충분히 했다. 일생에 한 번뿐일 수도 있는 이 도시에서조차 남 눈치를 보자면, 비행기 타고 지구 반대편까지 날아온 보람이 있을까.

동유럽 너머 아프리카로 향하던 두 번째 여행에서의 일이다. 폴란드 바르샤바에서 일본인 여행자 '마코토'를 만났다. 요리사로 일하기도 했지만 지금은 삿포로에서 부인과 유제품 디저트 파는 카페를 운영한다고 했다. '이 남자는 선크림이 뭔지 모르나?' 싶을 만큼 새카맣게 탄 피부와 빼빼 마른 체형의 당찬 30대. 원래 여행을 좋아해서 돈만 모이면 떠났단다. 부인과도 신혼여행으로 1년간 세계를 돌았다고 했다. 욕심 많아서 짐을 몸뚱이만큼 지고 온 나와는 달리 등산 가방 하나가 전부였다. 짐은 적지만 마음에 여유가 가득해 보였다.

  그런 그와 바르샤바 호스텔에서 처음으로 만났다. 나는 이층침대의 윗 층을 배정받고 먼저 도착한 마코토는 내 침대 대각선 아래층에 누워 책 읽는 중이었다. 익숙한 생김새에 한국인 줄 알고 내가 먼저 말을 걸었다. 일본식 발음이 역력하다. 늘 싸우는 동아시아 3국이지만, 의외로 외국에서 오래간만에 만나면 반갑다. 마코토는 일본인 치고 영어에 능숙하고 성격도 화통해 제 할 말은 다 하는 편이었다. 바르샤바에 머무르는 동안 도시를 설명해 주는 '워킹투어'에 같이 참가하기도 했다. 마코토는 주로 저녁은 호스텔에서 요리해 먹는다고 했다. 각자 저녁 메뉴를 만들어 공유하자고 합의했다. 일식 요리사 출신이라, 만들어준 계란말이의 맛이 수준급이었다.
"마코토, 바르샤바 다음에는 어디로 갈 거야?"
"크라쿠프로 가려고."
"그래? 나도."
"숙소는 어디로 할 거야? 알아봤어?"
"나는 ○○호스텔이 괜찮아 보이더라고."
  다음날 같은 버스를 타고 크라쿠프로 향했다. 버스 안에서도 마코토와는 이야기가 끊이지 않았다. 관심사가 넓고 매사에 긍정적인 편이라 그와 나누는 대화는 마음 편하고 즐거웠다. 크라쿠프에 도착하자 마코토는 내게 작별인사를 건넸다. 내가 예약한 숙소는 마코토 기준에 비싸서 다른 곳으로 간다고 했다. 방금까지 신나게 떠들다 갑작스럽게 헤어지려니 서운할 뻔도 했다. 아니구나. 각자 출발한 길, 제 사정에 맞추면 그만이었다. 그 과정이 당연한 마코토를 보며, 또 한 가지를 배웠다. 만나고 헤어짐의 반복, 우연히 만나 즐겁게 한순간을 공유하고 때가 되면 자연스레 인사하는 관계. 이것이 여행의 인간관계구나.

혼자 떠난 여행에서는 대화 나눌 상대가 없다. 심심함이 극에 달하면 혼잣말하는 때가 온다. 대화 주제는 저기 보이는 물건이 될 수도 있고 종종 나 자신이 되기도 한다. 낯선 땅에서 최소한의 가면도 벗어던진 나와 이야기를 나누는 경험. 조금 더 솔직하게 자신이 던지는 물음에 대답해보는 기회가 된다.

낯선 땅에서 본능이 시키는 대로 시도하고, 그 결과를 온전히 즐기는 데 몰두한다. 무엇을 해도 흠뻑 빠질 수 있다. 누구의 간섭도 없는 곳에서 가장 자유로운 상태가 된다. 이런 시간을 즐길 줄 알게 되면, 여행 이후의 삶 역시 달라질지도 모른다. 체면치레로부터 자유로워지고, 관계에서 독립적일 당신. 관련 없는 사람들의 쓸데없는 참견에 연연하지 않을 수 있다. 사회적 기대가 아닌, 자기 취향에 맞는 선택을 한다.

'여행은 혼자가 진짜다!'

감히 이렇게 말해본다.

첫 유럽 여행, 이동은 주로 기차를 이용했다. 가고자 하는 나라가 기차로 잘 연결돼서 미리 필요한 날짜만큼 유레일패스를 사 갔다. 이미 유명하지만, 유레일패스란 최소 5일부터 3개월까지 유럽 여러 국가 기차를 자유롭게 이용할 수 있는 '기차 자유이용권'이다. 기간과 이용 가능 국가에 따라 종류가 다양하다. 유럽은 우리나라 도시 간 이동처럼 나라 사이도 기차노선으로 촘촘하게 연결되어 있어 기차 여행이 편리하다.

고등학교 졸업 직전이자 20살 맞은 겨울, 혼자 국내 여행을 한 적이 있다. 유럽에 유레일패스가 있다면 우리나라에는 '내일로'가 있다. 일주일 동안 전국 기차를 입석으로 잡아타며 원하는 곳 어디든 향할 수 있는 여행 상품. 방학이 오면 내일로 여행을 했다. 그 경험 덕에 기차는 내게 특별한 교통수단이 되었다. 일상적으로 타던 버스, 자동차와 다른 느낌이다. 기차에 올라타면 '이제 여행 간다'는 느낌이 물씬 든다.

그런 감성적인 이유는 제외한다고 해도, 기차는 초보 여행자가 이용하기 좋은, '친절한 교통수단'이 맞다. 유럽 버스가 회사별, 나라별로 다른 체계를 가졌다면, 기차는 한 시스템에서 전 유럽 시간표를 확인할 수 있다. 기차만의 정시성도 도움이 된다. 정해진 출발, 도착 시각을 정확하게 지켜 정해진 일정이 있다면 원활하게 소화할 수 있게 돕는다.

감성과 실리. 두 마리 토끼를 노리는 기차 여행. 레일 따라 기차가 규칙적인 리듬으로 덜컹거리는 동안 유리창 너머로는 풍경영화가 재생된다. 도시와 도시 사이 시골 모습, 일부러는 방문해보지 않을 작은 도시. 이동 길에 살짝 엿볼 수 있다. 이동 시간 자체가 구경거리가 된다. 기차역에서 산 커피 한잔을 앞 의자에 붙은 간이 테이블에 올려둔다면 더 행복하다. 이제야 조금 익숙해진 도시에서 또다시 낯선 도시로 이동하는 시간은 언제나 긴장된다. 열차 탈 플랫폼을 찾아가 시간 맞춰 올라타고 내 자리에 앉으면 비로소 온몸의 긴장이 누그러졌다. 이동 중 기차에서 주어지는 몇 시간의 여유가 때로는 휴식처럼 느껴지기도 했다.

이동 거리가 먼 도시 사이는 야간열차를 탔다. 야간열차를 타고 오스트리아 '빈'에서 스위스 '루체른'으로 이동하던 날이다. 객실에는 이층침대가 양쪽으로 붙어, 총 4개의 침대가 있었다. 객실은 각자 다른 이유로 루체른으로 향하는 사람으로 꽉 찬 상태다. 국적 모를 서양인 세 명과 간단한 인사를 나눴다. 어차피 영어가 유창하지도 않아 내 자리에서 내일 할 일이나 들여다볼 생각이었다. 이층침대 아래층에 엎드려 셀프 가이드북과 다른 가이드북을 동시에 폈다. 이층침대가 낮은지 어정쩡하게 등을 구부려 앉은 청년이 말을 걸었다.
"루체른 가는 길이야?"
내 가이드북을 흘끔 본 모양이다. 그렇다고 대답하니 자기가 루체른 산다며 신나게 설명을 시작한다. 도도해 보이는 첫인상과 달리 수다스러운 말투다. 경찰 일을 하며 대학원 다닌다고 했다. 가이드북을 본격적으로 가져가 구경한다. 알 수 없는 글자 사이에 익숙한 동네 사진을 짚어 낸다.
"맞아, 사자상이 가장 유명하고 호수 위 이 다리도 유명하지."
스위스에 온 김에 손목시계라도 하나 사가고 싶어서 농담 반 진담 반으로 물었다.

"스위스에서 시계 사면 싸니?"

"아니, 여기에서도 시계는 비싸서 나도 없어."

　다음 날 아침, 차장이 '똑똑' 문을 두드리고 조식 식판을 내밀었다. 오스트리아에서 많이 먹던 올림머리 모양 빵 '젬멜'과 발라먹을 버터와 쨈, 따뜻한 커피였다. 배달과 모닝콜을 동시에 해주다니, 꽤 친절한 서비스라고 생각했다. 세수도 않고 빵부터 씹으며 새로운 하루를 시작했다. 기차 안 화장실에서 고양이 세수를 마치고 루체른역에 내렸다. 시계 없는 청년이 일하러 가기 전에 시간이 조금 있다며, 자기가 루체른을 소개해주고 싶다고 나섰다. 낯선 사람의 호의는 경계해야 하지만, 이 아침에 관광지 한복판에서 문제 있겠나 싶다. 큰 캐리어는 역 안 짐 보관소에 맡기고 홀가분한 몸으로 출발했다.

　루체른 시내는 크지 않아 도보로 이동 가능하다. 유럽에서 가장 오래된 목조 다리 '카펠교'를 건넜다. 청년은 이 다리가 얼마나 오래되었는지를 자부심 가득한 말투로 떠든다. 그가 없었어도 카펠교는 가봤겠지만, 이 다리에 얽힌 역사는 들을 기회가 없었을 것 같다. 이른 아침, 스위스 산 만큼 짙은 초록빛 호수 주변으로 옅은 물안개가 꼈다. 촉촉하게 쌀쌀한 날씨에 외투를 꺼내입어야 했다. 호수로 향하는 길, 옅은 안개를 맞으며 걷다 보니 마트 냉장고에서 물 뿌려지는 상추가 된 기분이었다. 몽롱했던 감각이 하나씩 신선하게 깨어나는 듯하다. 호수에 다다르니 한쪽에 백조 무리가 보였다. 관광객의 먹이를 기다리는 듯, 엎어지면 코 닿을 거리까지 다가가도 도망가지 않았다. 시계 없는 남자는 심드렁했지만 백조가 비둘기처럼 많은 호수에서 쉽게 눈을 뗄 수가 없었다.

　암벽에 새겨진 '빈사의 사자상'을 갔다. 좀 전에 걸은 카펠교와 더불어 유일하

게 가이드북에 소개된 관광 포인트였다. 커다란 사자 부조가 전부였다. 명성에
비하면 어이없을 정도로 볼 것 없는 수준. 프랑스 혁명에서 전사한 스위스 용
병을 기리기 위한 조각상이라며, 얽힌 이야기를 읊어주는 친구 때문에 고통스
러운 사자 표정이 눈에 들어오기 시작했다.

　가이드북에 적혀있던 볼거리는 끝났지만, 꼭 구경해야 할 곳이 있다 했다. 뜬
금없는 조기 축구장을 지나, 나지막한 언덕에 있는 성벽으로 갔다. 아직 이른
오전, 사람 많이 없는 성벽 산책길을 자박자박 걸었다. 여유롭게 산책 나온 할
머니, 할아버지와 함께 성벽 길을 걸으니 이 도시 주민이 된 것 같다. 시계 구
경하고 싶다는 나를 번화가에 데려다 놓고, 출근 시간이 다 된 시계 없는 청년
은 떠났다. 밥 한 끼 같이 하지 않았지만 자기 도시를 찾아온 여행자에게 아는
만큼 보여주고 싶었던 순수한 마음이 와 닿았다. 기차에서의 우연한 만남과 순
수한 호의가 겹쳐 좋은 기억으로 자리 잡았다. 그 친구 덕분에, 인터라켄 가기

위한 경유지 정도로 생각했던 루체른에서의 촉촉한 기분이 지금까지도 생생하다. 오랜 시간 같은 공간에 있어야 하는 기차 여행이기에 가벼운 대화로 시작해 동행을 만나거나 의외의 재미있는 만남이 생기기도 했다.

산악열차를 타고 유럽에서 제일 높은 '융프라우' 봉우리에 올랐다. 산악열차는 '유람'을 목적으로 하기에 그동안 타던 수송 열차보다 창문이 많다. 벽면의 큰 창으로는 부족한지 천장까지 창문을 뚫어 뒀다. '아름다운 우리 스위스 하늘도 봐주세요' 하는 자부심이 엿보이는 부분이었다. 기차에 편히 앉아 창문 너머로 알프스산맥을 구경한다. 귀에 못 박히도록 들은 그 알프스산맥 말이다. 짧은 초록 풀이 카펫처럼 산 전체를 덮었고 붉은 지붕 통나무 집도 간간이 보였다. '저건 집일까 산장일까?' 잠깐 생각에 해 보는 와중 소 떼도 보였다. 한우 색깔과 젖소 무늬를 섞은 듯한 갈색 점박이 소다. 생전 처음 보는 당나귀도 지나갔다. 엄마 옆에 가지런히 앉아있는 새끼 당나귀는 슈렉에 나오는 동키와 매우 흡사했다. 올라갈수록 날이 흐려진다. 만년설 덮인 고도가 시작되었다. 눈 덮인 암벽만 바라보고 있으면 명암만 남은 흑백 사진을 보는 것 같다. 한여름에도 산꼭대기에는 만년설이 있다. 갈 수 없는 먼 계곡에 남은 자연설이 폭신해 보였다.

전망대를 돌아다니다 보니 눈썰매 빌려주는 곳이 있다. 혼자 왔지만, 할 수 있는 건 다 해 보고 싶다. 시험 삼아 튜브에 올라타고 눈 비탈에 몸을 맡겼다.

'진짜 재미있는데?'

한번 경사를 타고 내려가면 튜브 끌고 다시 그 길을 걸어 올라야 한다. 뛰어와서 타고 또 탔다. 정상이 춥다는 이야기에 챙겨온 두꺼운 옷은 다 껴입고 갔었다. 후드 재킷 벗어 던지고 싶을 때까지 혼자서 눈썰매를 즐겼다. 내가 산 유레일패스에 '융프라우 전망대 매점에서 교환하는 신라면 작은 컵' 무료 쿠폰

이 포함되어 있었다. 그냥 먹어도 반가울 컵라면. 눈에서 뛰놀다 먹는다니. 받아와 한입 떠먹은 라면은 어릴 때 계곡에서 탈진하기 직전까지 물놀이 하다가 먹은 코펠 라면 만큼이나 맛있었다.

비행기 이동을 선호하는 사람도 있다. 비행기 타고 새로운 도시에 도착하면, 순간이동 한 것처럼 다른 풍경이 펼쳐져서 좋다고 했다. 그 기분이 여행의 시작과 끝을 맺어주는 느낌이라 단거리도 비행기 노선이 있다면 비행기를 선택한다고 했다. 나는 버스보다 비행기보다, 기차가 좋다. 급브레이크, 교통 체증, 경적 없이 안정적일 리듬. 같은 방향을 바라보며 가다가 자연스레 생기는 인연. 오늘도 여행을 통해 내 취향을 하나 더 발견했다.

여행 전날 새벽까지 짐을 쌌다. 욕심을 모두 가방에 채웠다. 24인치 캐리어로는 역부족이었다. 늦은 저녁 마트로 뛰어가 보이는 것 중 가장 큰 캐리어를 샀다. 여행 도중, 가져온 짐은 버릴 일 없었다. 멋진 장소 가서 예쁜 옷 입고 근사한 하루를 보내고 싶어 떠난 첫 여행이다. 짐은 점점 추가되기만 할 뿐이었다. 이미 빈틈없는 캐리어에 각 도시 추억을 눌러 담았다. 런던에서 엄마를 위한 찻잔 세트, 가족 위한 초콜릿 향 홍차를 샀다. 파리에서 친구들을 위한 화장품, 프라하에서 나를 위한 목각 오르골, 이스탄불에서 혀가 아릴 만큼 단 터키 국민 젤리 로쿰까지 사 담았다. 터지기 일보 직전인 가방을 끌고 무사히 한국으로 돌아왔다.

왜 모든 여행기는 아름다운 이야기로만 채워져 있을까? 마음대로 안 풀리는 순간, 황당한 실수한 기억이 여행의 3할은 차지하는 것 같은데. '돈 쓰면서 고생한다'는 비유가 딱 맞는 순간도 있었다. 행복했던 기억, 황당했던 기억. 씨실과 날실처럼 얽혀 지난 여행을 구성했다. 집에 돌아와 내 침대에 눕는 순간, 행복했던 기억만 생생하게 남았다. 힘들었던 순간은 더 큰 만족감에 밀려 구석탱이로 쫓겨나고 말았다.

요즘 '누구나 한 번쯤 떠나본다는' 유럽 배낭여행. 모두가 같은 장소에 들렀지만 날씨, 온도, 마주친 사람이 달라서 모두에게 다른 기억으로 자리 잡는다. '누구나 가보는 유럽 배낭여행에 대한 입장'도 마찬가지 아닐까? 한 달여의 멋진 추억으로 남기는 사람, 그 시간이 인생의 전환점이 된 사람. 불행일지 다행일지, 나는 후자에 가까웠다.

　유럽에서 새로 '본 것'이 많다. 사진으로는 그렇게 많이 봤던 에펠탑. 파리에 도착한 이른 저녁, 우선 지하철 타고 에펠탑부터 보러 갔다. 에펠탑에서 가장 가까운 출구로 올라와 에펠탑 방향을 바라보는 순간, 그 위로 가상의 폭죽이 터지는 것 같았다. '에펠탑 별거 없더라' 말하는 사람도 있지만, 22살의 내게는 그 순간이 믿을 수 없이 황홀했다. 파리 센 강에서 유람선도 탔다. 유람선 위에서 쌀쌀한 밤 바람을 맞으며 주황 가로등 불빛이 일렁이는 까만 강물을 봤다.
　'고흐는 보이는 대로 그대로 그렸구나.'
　고흐 그림 속 붓 터치가 이해되었다. 암스테르담 치즈 시장도 가봤다. '톰과 제리'에서 매번 먹고 싶었던 구멍 뻥뻥 뚫린 치즈는 만화적 표현이 아니었다. 터키에서 천상계 수영장 같은 파묵칼레에 갔다. 석회 물이 매끈하다. 물 속 보이지도 않는 알갱이가 모여 산을 이뤘다니, '티끌 모아 태산'이 헛소리는 아니었구나 싶었다. 괴레메에서 수백 년 전 지어진 동굴호텔에서 묵기도 했다.
　'종교가 뭐길래.'
　멀쩡한 땅 놔두고 암벽 사이로 굴을 파게 하는 그 힘이 무엇일까 궁금했다. 괴뢰메 마을에서 이른 새벽 일어나 열기구도 타 봤다. 태양과 함께 떠올라 일출을 처음부터 관찰했다. 자연이 줄 수 있는 황홀함을 온몸으로 흡수했다. 사진으로 보는 것과 직접 보는 것은 너무도 달랐다.

　이 모든 기억보다 나를 못 견디게 만드는 것은 '나에 대한 만족감'이었다. 처음으로 '내가 원하는' 목표를 완수했다. 짜릿했다. 극한에서 만난 나는 늘 알던 그저 그런 나보다 대단했다. 학교 다닐 때 위경련이 자주 생겼다. 장기를 행주 짜듯이 두 손으로 비트는 것 같은 고통. 내과도, 한의원도 가 봤지만 뚜렷한 원

인은 없고 스트레스성 질환이라고 했다. 점점 그 빈도가 잦아졌다. 경련이 시작된 날은 아침에 눈 뜨기 전부터 느낌이 온다. 속을 쥐어짜는 느낌에 눈을 뜨면, 역시다. 허리도 못 펼 만큼 고통스럽다. 침대 위에서 굼벵이처럼 몸을 접고 구르며 견딘다. 한번 그 증세가 시작되자 꽤 자주 위경련이 찾아왔다. 늘 예고 없이 찾아오는 그 고통이 언제 시작될지 알 수 없어, 항상 긴장 상태였다. 첫 여행, 한 달 반 여정은 결코 여유롭지 못했다. 욕심 가득한 뚱뚱한 가방을 끌고, 동동거리며 돌아다녔다. 8월의 유럽은 대프리카(대구+아프리카) 여름보다 더 뜨거웠다. 가보고 싶은 곳이 많았기에, 한낮에도 열심히 걸었다. 반바지와 샌달 모양대로 경계 생긴 경계가 일 년도 넘게 갔다. 적당히 학교 다니던 때보다 몸을 훨씬 혹사했다. 그런데도 여행하던 한 달 반 동안 위경련이 한번도 없었다. 몸과 마음 중에서 우리를 더 괴롭게 만드는 쪽은 확실히 마음인 모양이다. 자신이 한심하다고 생각하고 즐겁지 않은 일 억지로 하던 시절. 아무리 잘 먹고 잘 쉬어도 몸이 아팠다. 내 가치를 발견하고 생각을 고쳐먹었다. 바빠도 원하는 일 하니 몸이 아프지 않았다.

삶에 대한 진지한 고민 없이 흐르는 대로 살아왔다. 나를 행복으로 한껏 채우는 일을 최초로 발견했다. 아직 묻혀있을 내 가능성을 더 찾아보고 싶다. 더 큰 세상도 구경하고 싶다. 학교 밖에 아직 가보고 싶은 곳이 너무 많다. 큰딸이 그저 얼른 졸업해 무난하게 살기를 바라는 부모님. '휴학'이란 단어에 경기를 일으켰다.

"졸업하고도 여행은 다닐 수 있잖아?"

"고작 여행 때문에 휴학한다는 것은 말이 안 된다."

누구보다 나를 위하는 사람이 부모님임을 안다. 그 조언에 따라 한 학기를 더 다녀봤다. 마음은 영 콩밭에 가 있었다. 만화책 읽다가 재미지기 시작하는 부분에서 엎어두고, 남이 시키는 일만 급하게 하는 것 같았다. 러시아, 아프리카, 남미, 북미……. 가보고 싶은 땅이 많다. 얼른 만화책을 들어 다음 페이지도 읽고 싶다. 끝내 부모님 동의는 얻지 못했지만, 휴학 서류를 냈다. 다시 떠날 수밖에 없었다. 처음으로 발견한 취향, 한 번은 존중해 줘야 했다.

제3장

아프리카, 감동의 날들

일 년짜리 휴학 서류를 냈다. 이 시간을 꽉 채워서 알차게 쓰고 싶다. 계획
은 이랬다.

'6개월간 일해서 돈 모으고, 6개월간 여행하기.'

단순 계산을 해 보니 6개월 정도 여행하려면 최소 1000만 원은 필요할 듯 보
였다. 아무리 물가 싼 아프리카를 여행한다 해도 하루에 5만 원은 써야 숙박,
식비, 용돈이 충당될 것 같다. 6개월에 1000만 원 모으기 프로젝트가 시작됐
다. 의지라곤 없이 되는대로 살아왔던 나. 목표가 생기니 달라지더라. 목표 달
성 위해 서너 가지 아르바이트를 병행했다. 버스비 아끼려고 중고 자전거 하
나 사서 '집-알바-과외학생 집'을 자전거로 이동했다. 식비 아끼기 위해 도시
락도 싸 들고 다녔다.

심리적 만족감이 가장 컸던 일은 카페 아르바이트였다. 아침 10시부터 6시
까지 여덟 시간 동안 개인 카페에서 청소, 응대, 음료 제작을 도맡아 하는 일이
었다. 영업시간 전, 조금 일찍 도착해서 좋아하는 노래를 튼다. 가게 문을 활짝
연 뒤 물걸레로 바닥을 닦고 손걸레로 테이블도 훑는다. 청소는 싫지만 가게
스피커로 좋아하는 노래가 흘러나오기에 영 나쁘지만은 않다. 매일 닦는데도
대체 왜 먼지가 쌓여 있는지 모를 구석까지 청소하면 잠깐의 평화가 찾아온다.
점심시간 되기 전에는 비교적 손님이 적다. 사장님이 하루에 두 잔까지 커피를
내려 마셔도 좋다고 했다. 오전에는 따뜻한 카푸치노가 끌린다. 알바 기간이
길어지며 내가 봐도 우유 스팀 실력이 꽤 늘었다. 최대한 부드럽게 올린 우유
거품으로 카푸치노를 만들었다. 그 위에 설탕 섞인 계핏가루 잔뜩 뿌렸다. 사

각사각 씹히는 설탕과 보드라운 거품의 조화, 계피 향과 커피 향의 어우러짐. 역시 청소하고 마시는 커피가 최고다. 물론 남의 가게 혼자 보는 일이 마냥 편하지는 않았다. 가게 비우고 배달 가는 길에 실수해서 혼나기도 했고 매출이 사장 기대에 미치지 못하는 날엔 눈치도 봐야 했다. 서비스직의 고충을 확실하게 느낀 시간이었다. 세 명이 아메리카노 한 잔 시키고 나눠 마시며 앉아있는 무리를 볼 때. 애타는 카페 사장의 처지도 간접적으로 이해해 볼 수 있었다.

그 후에 학생 집으로 과외를 하러 갔다. 과외는 편한 돈벌이 수단으로 생각하고 시작한 일이다. 다행히 그 여학생과는 마음이 잘 통했다. 시급도 짭짤해 좋았지만, 누군가에게 내가 알고 있는 것 쏟아붓고 성장을 지켜보는 일은 다른 어떤 경험보다 보람찼다. 시험 성적이 올라 진정으로 기쁜 마음에 학생과 집 밖에서 하루 떡볶이 데이트를 했던 기억도 난다.

그렇게 4개월 정도 일했지만, 목표한 1000만 원은 아득해 보였다. 당시 아르바이트 구인 사이트를 보면 매일같이 '쿠팡 물류센터' 알바 모집 글이 올라왔다. 고정적인 일자리가 아니라 일용직처럼 매일 지원하는 형태였다. 남는 날에 틈틈이 돈 벌기 괜찮아 보였다. 그 당시 다른 거의 최저시급만 지급하던 다른 알바와 달리, 쿠팡 물류센터는 최저시급의 1.5배를 주는 점도 끌리는 부분이었다. 물류센터는 외진 곳에 있어서 출퇴근 셔틀버스를 운영했다. 출근 시간보다 한 시간도 전에 셔틀버스 장소로 가 기다려야 했다. 버스 놓치면 오늘 출근이 불가능하기에 필사적으로 시간을 맞춰야 한다. 어둑어둑한 시간에 출근 버스에 몸을 실은 사람들은 주로 말이 없다. 휴대전화 보지도 않고 대게 눈을 붙이고 만다. 오늘 종일 서서 근무하기 위해서는 체력비축이 중요하다는 사실을 경험적으로 익힌 걸까. 오랫동안 이 일을 했는지 친해 보이는 아주머니 두

세명의 목소리만 뜨문뜨문 버스 안을 채울 뿐이었다. 물류센터에 도착하면 오늘 할 작업을 배당받고 즉시 일을 시작해야 한다. 주로 나같이 경력 없는 알바들은 배송될 물건이 쌓여 있는 물류창고에서 해당 제품을 찾아 택배 상자에 담고 포장하는 일을 했다. 개인이 얼마만큼을 해냈는지가 전산에 남기 때문에 마냥 느긋느긋할 순 없었다. 물량이라도 밀리는 때엔 관리자들이 큰소리로 격려와 협박 중간쯤 되는 말을 외치고 다녔다. 공식 근무시간은 오후 6시까지지만 연장 근무도 잦았다. 온종일 걸어다니며 물건을 줍고 쪼그려 포장했기에 오후 시간이 되면 다리가 퉁퉁 부었다. 발바닥부터 허리까지가 다 아픈 느낌이었다. 그런데도 간사하게 가끔은 연장 근무가 반갑기도 했다. 연장 근무는 일반 근무 수당의 1.5배를 쳐주기 때문이다. 식사는 공사장 식사처럼 자율 배식이었다. 몸 쓰는 일이 그리도 입맛이 당기는지, 해 보고야 알았다. 평소 먹는 밥의 두 배는 늘 떠먹었던 것 같다.

물류센터에서 일하면서 눈치로 배울 것도 많았다. 오래 일한 사람들 사이 미묘한 파벌, 거기에 휘말리지 않는 법, 할당량을 채우며 효율적으로 일하는 방법, 허리 아프지 않게 짐을 드는 방법. 그곳에 나 같은 젊은이도 몇 있었다. 고작 휴식시간에 이야기 몇 번 했을 뿐인데, 아직도 한 친구와 나눈 대화가 기억난다. 스물한 살이었던 그 친구 고향은 경기도라고 했다. 구미 공단 거쳐 지금은 대구 근교 이곳 쿠팡 물류센터에서 일용직 아르바이트를 하고 있댔다. 앳되고 예쁜 얼굴이었다. 하지만 나이와 어울리지 않게 짙게 칠 한 아이라인 속 눈망울은 늘 불안해 보였다. 휴식시간에 물건 얹는 팔레트에 걸터앉았다.

"언니, 나는 목표가 없어요. 앞으로 뭐 하고 살아야 할지 모르겠어요."

몇 살 많지도 않은 내게 울먹이며 속내를 털어놓는다. 우리가 알게 된 지 얼마나 되었다고. 이런 내게 그토록 심각한 고민 상담을 털어놓을까. 무엇이든 배워 볼 가능성 충분할 나이다. 연고도 없는 이곳에서 하루하루 버티고만 있다니, 안쓰러웠다.

"차라리 고향으로 돌아가서 기술이든 미용이든 제대로 배워 보는 게 어때?"

"그러면 내 인생도 바뀔까요?"

내 앞길조차 잘 모르는 내가 주제넘게 조언을 했다. 일용직이 나쁜 일은 아니지만, 스물한 살 아가씨가 하루하루 지원하며 평생 이 일만 하기에는 아까운 것도 사실이다. 고향과 먼 이곳까지 그녀가 어찌 흘러와 지내게 되었는지는 모른다. 탈색을 거듭해 바스락거리는 노란 머릿결과 짙은 아이라인 그리고 불안한 눈빛만 기억이 나는 친구다. 그 친구도 목표 찾을 기회를 얻었으면 좋겠다고, 진심으로 생각했다.

쿠팡 물류센터에는 '여사님'이라 불리는 아주머니도 많다. 주로 아이들 어느 정도 키워두고 살림에 보탬이 되고자 출근하는 분들이다.

'젊은 나도 종일 서 있는 것은 힘든데, 저분은 다리가 얼마나 아플까?'

여사님이 실수 때문에 새파랗게 어린 정규직에게 혼나는 모습 보면서도 많은 생각이 들었다.

대단한 일이든, 대단하지 않은 일이든. 살아가며 겪은 모든 경험은 앞날에 도움이 된다고 생각한다. 카페 아르바이트하며 서비스직과 자영업의 어려움을 느꼈다. 과외 하며 서로 최선을 다했을 때 함께 달성하는 뿌듯한 결과도 경험했다. 쿠팡 물류센터 일용직 하며, 아무 생각 없이 뜯는 택배에 얼마나 많은 사람의 손길이 닿아있는지 봤다. 열심히 살아가는 사람들과도 교류했다. 평일 주말 가릴 것 없이 일만 했던 6개월 동안 힘들지 않았냐고 묻는다면, 나는 이 시간이 진정으로 즐거웠다고 대답하고 싶다. 하고 싶은 일을 위해 스스로 돈 벌고 준비하는 시간. 그 자체로 벅찰만큼 뿌듯한 기억으로 남았다.

6개월 동안 아르바이트로 1000만 원 조금 넘는 돈을 저금했다. 집과 알바 장소들을 자전거로 매일 왕복하며 체력도 길렀다. 이번엔 캐리어가 아닌 배낭을 메고 떠나볼까 한다. 왜 굳이 배낭인가? 이번에 가고 싶은 아프리카는 캐리어 끌기 어려운 곳이 많다고 했다. 사실 그것보다도 그냥 '배낭여행자'가 되어보고 싶었다. 이름을 불렀을 때 비로소 꽃이 되듯, 불리는 명칭에 따라 마음가짐도 달라지기 마련이다. 이번엔 알바비 모아 산 배낭을 메고 아프리카로 간다.

왜 다음 여행지는 아프리카인가. 이상한 기질이 있다. 남들 다 하는 것은 크게 내키지가 않는다. 그 성깔머리 때문에 유행에는 늘 둔감하다는 단점도 있지만, 종종 인생에서 결정적이었을 순간에 도움이 되기도 했다. 또 의심이 많아 남 말을 잘 믿지 못한다. 꼭 직접 봐야만 성미가 풀린다. 남들이 얼마나 좋다고 하든 내 눈으로 보고 결정해야 아쉬움 남지 않았다. 그래서 아프리카도 끌렸던 게 아닐까? 남들 많이 가는 동남아는 아직 안 끌려서, 유럽이나 미국도 마찬가지 이유라 나중으로 미뤘다. 아프리카에 대해 들어본 건 유니세프 광고뿐이라 직접 가서 보고 싶었다. 세렝게티 초원의 얼룩말과 사자. 이집트의 피라미드. 에티오피아의 활화산. 보석 같은 물빛을 자랑하는 잔지바르 섬. 아프리카로 떠나기 전 기분을 지금 다시 상상해도 심장이 두근거린다.

다만 그때까지는 아프리카 여행에 대한 정보가 많이 없었다. '꽃보다 청춘' 방송 이후에 아프리카 여행 붐이 일며, 국내 출판사들도 아프리카 여행 가이드북을 여러 권 냈다. 내가 마음먹은 2014년도에는 '론리 플래닛 아프리카'조차 한국어판이 없었다. 그 백과사전보다 두꺼운 책을 읽어낼 만큼 영어가 깊지는 못하다. 다녀온 사람이 남긴 정보에 주로 의존할 수밖에 없었다. 그렇지만 이번엔 첫 유럽 여행만큼 샅샅이 준비하지 않았다. 그때보다는 조금 더 나를 믿게 되었기에, 처음처럼 모든 것을 조사하고 떠날 필요는 없다. 이번 여행의 방향은 이랬다.

'러시아를 통해 유럽으로 넘어간 뒤, 배 타고 아프리카로 가서, 동쪽 해안을 따라 대륙을 종단한다.'

개똥철학에 사로잡혀 아날로그 여행 고집한 지난 여행과는 달리, 이번에는 현지 유심을 사서 구글 지도도 적극적으로 이용하고 정보도 바로바로 검색할 예정이다.

그렇게 러시아와 동유럽 거쳐 다다른 땅, 에티오피아에서의 일이다. 에티오피아는 붉게 끓는 활화산과 소금 사막 그리고 유황지대를 묶어 구경하는 '다나킬 투어'가 유명하다. 이집트 카이로에서 비행기 타고 날아 에티오피아의 수도 '아디스아바바' 공항에 도착했다. 공항 환영 인사에서 에티오피아 문자를 처음 봤다. '졸라맨'처럼 생긴 에티오피아 문자 모양이 귀엽게 느껴진다. 하지만 에티오피아 치안은 전혀 귀엽지 않았다. 가난한 나라라 여행자 상대로 벌이는 소매치기가 일상적이다. 공항에서부터 잔뜩 긴장하고 숙소로 향했다. 치안이 워낙 불안하다니, 혼자서는 잘 타지도 않던 택시를 탔다. 배낭여행자를 위한 숙소는 '피아자(piazza)' 지역에 몰려 있다. 싱글 룸 가격은 일박에 5000원 정도. 호텔급 시설은 아니지만 나름 신경 써 관리하는 듯 보였다. 타일 바닥은 방금 닦아 반질반질했고 천장에 달린 선풍기도 잘 돌아갔다. 샤워기 헤드는 진작 떨어져 나가 호스에서 나오는 한줄기 물로 씻어야 하지만, 이 정도면 시설은 만족스럽다.

오는 길에 세상 긴장하고 왔지만, 무사히 숙소 도착해 짐을 던져 놓았으니 이제 조금 긴장을 풀어도 될 것 같다. '에티오피아 무사 입성'을 자축하려 숙소 아래 식당으로 내려갔다. 의자에 축 기대앉은 헝클어진 긴 머리 동양 남자가 보인다.

"한국인이세요?"

"네, 맞아요!"

얼마나 반갑던지. 에티오피아 정보 얻을 한국인을 식당에서 우연히 만났다.

"아디스아바바에 얼마나 계셨어요?"

"그게……. 지금 여기서 15일째에요……."

"네? 아디스아바바에 왜 이렇게 오래 계세요? 다른 곳은 안가세요?"

보통 아디스아바바는 여행자들이 그리 오래 머무르는 도시는 아니다. 이곳을 발판 삼아 에티오피아의 인기 있는 여행지로 이동하곤 한다. 이 특별할 것 없는 도시에 그는 왜 보름이나 머무르고 있었을까?

"이주 전쯤에 강도를 당했어요."

"강도요? 어떻게요?"

"이 숙소 주변도 조금만 나가면 바로 빈민가거든요? 제가 처음 여기 도착했을 때 멋모르고 밤에 술 먹고 막 돌아다녔어요. 하루는 미쳤는지 밤에 제가 클러치를 끼고 나갔어요. 클러치에다가 현금, 여권 다 넣고요. 근데 술 취해서 숙소에 돌아오다가……."

"돌아오다가요?"

"누가 저를 뒤에서 퍽치고 내 클러치를 훔쳐 가는 거예요. 정신이 번쩍 들더라고요. 그래서 그 새끼들 따라서 막 뛰어갔어요. 어느 순간에 보니까 완전 빈민가 한복판인 거에요. 아, 큰일 났다 싶더라고요. 술이 확 깨면서……. 훔쳐 간 새끼는 없어지고 더 무서워 보이는 사람들이 많길래 그냥 온 방향으로 다시 뛰어 도망 왔어요."

"말도 안 돼. 왜 짐을 다 들고 나갔어요? 밤에 술 마시러 가면서."

"그러게요. 무슨 정신이었는지. 내가 미친놈이지……."

"그리고 웬 클러치? 복대 없어요?"

"진짜! 다른 사람 다 털려도 나는 안 털릴 줄 알았어요. 나는 복대가 불편해서요……. 그 안에 여권도 있고 가져온 돈도 다 들었어요. 다 털리고 나니까 뭐 어떻게, 집에 갈 수도 없어요. 핸드폰은 주머니에 있어서 그것만 남았죠."

"그래서 어떻게 한 거예요?"

"핸드폰으로 아디스아바바에 한인 식당 같은 거 검색하니까 한 곳 나오더라고요. 거기 찾아가서 사장님 통해서 송금받고 여권도 재발급 신청한 상태에요."

"아……. 그래서 여기에 보름도 넘게 계셨구나."

"여기, 진짜 눈뜨고도 코 베이는 곳이에요. 핸드폰도 절대 길에서 보지 마세요. 길거리에서 폰 볼일 있으시면 꼭 90도로 마주 본 벽 모퉁이 같은 데 있죠? 그런데 가서 등 돌리고 잠깐 보고 바로 집어넣으세요. 돈도 하루 치만 복대에 넣고 다녀요. 절대 지갑에 돈 다 넣고 나가지 말아요. 아니 아예 지갑 들고 나가지 마세요."

보통 장기 여행자라면 현금은 여러 곳에 잘게 나누어 가지고 다니기 마련이다. 위험한 도시에서 늦은 밤 길거리를 배회하지 않는 것도 상식이고. 단발에 가까운 머리 길이로 짐작할 때, 꽤 오랫동안 여행 한 사람 같은데. 어찌 그리 무모한 짓을 했는지 모르겠다. 그의 실전 충고 덕분에 에티오피아 치안을 실감했다.

'돈은 쓸 만큼만 복대에, 휴대전화는 구석에서.'

철저히 지키며 다녔다. 그때 그를 못 만나서 휴대전화를 아무렇지 않게 꺼내며 다녔으면, 나도 아디스아바바에서 바로 털렸을까? 어쨌든 그 사람 덕에 여행자라면 한 번씩은 탈탈 털리고 만다는 에티오피아에서 무사할 수 있었다.

'에티오피아' 하면 가난한 이미지가 우선 떠오른다. 하지만 적어도 수도 아디스아바바는 '유니세프 홍보영상'과 사뭇 다른 분위기였다. 고층 빌딩도 있고 왕복 4차선 아스팔트 도로도 있었다. 물론 중심가를 조금만 벗어나면 유니세프 영상에서 자주 본, 다 부서져 가는 동네가 보이기 시작하지만 말이다.

에티오피아에 온 목적, '다나킬 투어'를 예약하기 위해 아디스아바바 시내에 하나 있는 국영 여행사로 갔다. 아프리카 관광지 대부분은 크기가 광범위하고 국립공원으로 보호받는 곳이 많아 혼자서는 구경하기 어렵다. 원하든 원치 않든 몇몇 장소는 반드시 여행사 투어를 이용해야 했다. 인터넷으로 예약하지 않고 오기를 잘했다. 막상 방문하니 역시 더 흥정 가능하다.

"다나킬 투어는 내가 아프리카에서 해 본 투어 중에서 시간 가성비가 최고야."
에티오피아에 오기 전 만난 여행자가 이런 말을 했다.
"보통 투어는 목적지까지 가는 데 시간 다 쓰고, 막상 구경하는 시간은 짧잖아? 근데 다나킬은 낭비하는 시간이 없어. 차 타고 가는 와중에도 계속 신기한 게 나온다니까."
입에 침이 마르도록 다나킬 투어 칭찬을 늘어놓았다. 형형색색 유황지대, 거울 같은 소금 사막, 몸이 둥둥 뜨는 소금호수. 이 정도만 해도 희귀한 볼거리지만 하이라이트는 단연 지글지글 끓는 활화산이라고 했다. 게다가 이동할 때도 줄지어 가는 낙타, 에티오피아식 커피, 현지 마을을 볼 수 있단다. 이 투어, 어찌 그냥 넘어갈 수가 있을까?

그런데, 그 멋진 탐방하러 가는 길이 무척 고되다. 지내던 수도 '아디스아바바'가 아니라 '메켈레'라는 북쪽 도시로 가야 투어에 참가할 수 있다. 메켈레까지 가는 미니 버스도 투어 예약한 국영 여행사에서 한 번에 샀다. 아디스아바바에서 메켈레까지는 900km 정도. 아침에 출발하면 저녁 먹기 전쯤 도착한다고 했다.

아침 9시쯤, 예약한 미니버스가 숙소로 픽업을 왔다. 운전하는 기사들이 무척 앳돼 보였다. 20대 초반 친구 두 명이 번갈아 가며 버스를 몬다. 이전에 있던 이집트보다 도로 사정이 훨씬 열악했다. 사실 도로라고 부르기도 민망하다. 비포장도로가 산 따라 마을 따라 꼬불꼬불 굽었다. 이 길에서 과속은 커녕 안전 운전도 어렵겠다는 생각을 했다. 흙길에는 큰 돌부리도 많아서 차가 달리는 내내 위아래로 덜컹거렸다. 굽은 길 따라 몸은 저절로 좌우로 휘청댔다.
'오늘은 종일 편히 차만 타면 되겠지?'
출발 전에 큰 착각을 했다. 이 길 따라 900km 달리는 자체가 큰일이었는데. 차 타고 멀미하는 일은 요즘 드물었는데. 이 길에서는 내내 멀미가 난다.
'아……. 가만히 차만 타는 데도 이렇게 힘들 수가 있구나…….'
수 시간 째 좌석에 쭈그려 앉아 같은 생각을 하는 중이다. 반쯤 감긴 눈으로 창밖을 바라보니 해가 진다.
'5시쯤에는 도착한다고 했는데?'
구글 지도를 켜 현 위치를 보니 아직 메켈레까지 절반밖에 못 왔다.
"언제 도착해요?"
"……."
두 친구 기사가 말이 없다. 알고 보니 이 친구들은 영어를 거의 못했다. 더 충격적인 건 이들 역시 이 길이 초행길이란 사실이었다. 지도를 보니 대략 절

반 조금 넘게 온 것 같다. 오늘 10시간을 달렸는데 500km밖에 못 왔다니. 결국 해가 완전히 떨어졌는데도 여전히 길 위다. 우리 차 헤드라이트만이 가로등 하나 없는 흙길을 밝히며 이 길을 달리는 중이다. 조수석에 앉은 친구가 어딘가로 전화를 건다. 여행사와 통화 했나 보다. 여행사 직원 전화를 바꿔준다.

"죄송하지만 오늘 메켈레까지 못 갈 것 같아요."

"네? 왜요?"

"밤에 이동하는 건 위험합니다."

"그러면 어떻게 해요? 나 내일부터 투어 시작해야 하는 거 알잖아요."

"투어는 모레로 미뤄줄게요."

"근데 우리 오늘 어디서 자요? 차에서 자라고요?"

"지금 근처 마을에 있는 호텔을 예약해주겠습니다. 내일 새벽에 다시 출발하세요."

여행사에서 나름의 책임은 졌다. 10시간 내내 달렸는데 메켈레는 못 가고 이름 모를 마을에서 하루 묵게 되다니…….

　주차장이라 할 것도 없다. 길 옆에 그대로 차를 대고 내렸다. 작은 마을 전체가 불빛 하나 없이 새카맣다.

　'여기가 호텔이라고……? 나 납치당하는 거 아냐?'

　주변 집들에 비해 크긴 한데, 호텔이라기에는 뭐한 3층짜리 건물이 보였다. 운전기사들이 따라 들어오라는 시늉을 한다. 호텔 내부도 역시 캄캄하다. 시대가 어느 땐데, 곳곳에 촛불을 켜 놨다. 촛불 근처만 둥그렇게 밝고 나머지는 온통 어둡다. 새까만 공간이 더 서늘하게 느껴져 상황 파악이 안 된다. 알고 보니 마을 전체가 지금 정전이란다. 이름 모를 마을, 이 호텔에 에티오피아 사람 아닌 관광객은 오랜만인 눈치다. 물론이지, 나도 오늘 여기서 묵을 줄 몰랐다고.

　오늘 온종일 버스에서 비스킷만 먹어서 배가 고팠다. 여전히 적응 안 되는 분위기지만 목구멍이 포도청이라 어두운 호텔 안 식당에 앉았다. 주변을 둘러보니 대부분 '인젤라'를 먹는다. 인젤라는 곡물을 발효해 구워낸 에티오피아식 부침개다. 에티오피아 사람들은 인젤라를 우리네 '밥'처럼 먹는다. 쌀밥에 반찬 올려 먹듯 인젤라를 찢어 반찬 싸 먹는다. 구멍 뻥뻥 뚫린 겉모습은 영락없는 메밀 부침개 같아 보였다. 호기롭게 인젤라를 주문했다. 곧 둥그렇고 커다란 양은 쟁반에 인젤라가 담겨 나왔다. 볶은 채소들과 카레 맛 나는 렌틸콩 요리가 올라간채로. 먼저 인젤라만 쭉 찢어 맛봤다.

　'이게 무슨 맛이야. 빵이 왜 셔?'

　짭짤한 전이나 달콤한 팬케이크. 뭐든 괜찮은데 이건 아니다. 요구르트의 신맛과는 다른 신맛이 났다. 전병에서 쿰쿰한 냄새가 먼저 올라오고 뒷맛은 시큼했다. 탄수화물이라면 사족을 못 쓰는 나지만 이건 도저히 적응되지 않는다.

기사와 시곗바늘 가리키며 내일 새벽 6시에 다시 길을 떠나기로 약속했다. 방에도 불은 들어오지 않았다. 어두운 방에 들어가 그대로 침대로 쓰러졌다. 가로등 불빛 한 줄기조차 없어 방이 어떻게 생겼는지, 깨끗한지 더러운지 보이지 않았다. 씻을 환경이 못 되고 씻을 의지도 없다. 도대체 900km를 몇 시간이나 가야 하는 걸까?

남은 400km를 새벽부터 이른 오후까지 달려 총 이틀 만에 '메켈레'에 도착했다. 이틀 치 묵은 샤워를 시원하게 했다. 수도 아디스아바바와는 전혀 다른 풍경의 작은 도시 메켈레. 길거리에서 숯불 직화 옥수수를 하나 사 물고 새로운 거리를 구경했다.

다음날, 2박 3일의 다나킬 투어가 시작되었다. 아침 일찍부터 사람들을 픽업한 기사가 적잖이 피곤했나 보다. 사람 사는 마을을 지나다 차를 세웠다. 휴게소 역할을 하는 상점에서 기사가 커피 한 잔을 주문했다. 나도 그 마을 커피를 맛볼 기회. 커피 머신으로 내린 커피도, 인스턴트 커피도 아니다. 화로에 숯불을 지펴 끓여 내는 에티오피아식 커피. 100원가량 내면 숯불에 짙게 끓여 낸 커피를 소주잔만 한 컵에 부어줬다. 분위기 탓인지 색다른 맛이 났다. 에스프레소처럼 진해 보이는데, 맛은 그만큼 쓰지 않았다. 현지 아저씨들은 바지 대신 치마를 둘렀다. 커피 마시던 아저씨들이 숯불 커피 사 먹는 외부인을 신기하게 바라봤다. 마을 아이도 슬금슬금 다가왔다. 까까머리에 얼굴에는 개구쟁이라고 쓰여 있는 것 같다.

"풋볼! 풋볼!"

갑자기 꼬맹이들이 풋볼을 외친다.

"나랑 축구 하자고?"

아, 그건 아니고 축구공 사 달라는 뜻이었다. 아이들도 진지하게 빈대 붙을 생각은 아니었나 보다. 외치고 보니 민망한지 웃길래 나도 웃어넘기고 말았다.

　첫날의 하이라이트는 '에르타알레' 활화산 구경. 마그마를 지척에서 구경할 수 있는 세계 몇 없는 포인트다. 온종일 차로 달려 화산 아랫부분에 도착했다. 여기서부터 차로는 들어갈 수가 없다. 자기 물과 짐만 챙겨서 산을 걸어 올라야 한다고 했다. 3시간 정도의 가파르지 않은 산행이라기에, 만만하게 봤다. 굳은 땅 아래로 마그마가 지나는지, 산길 초입부터 은근히 열기가 느껴졌다. 산을 오를수록 열기가 온몸을 휘감았다. 뜨뜻하고 축축한, 습식 사우나 속에서 걷는 것 같다. 출발한 지 얼마 지나지 않아 머리가 핑 돈다.

　'이래서 낙타 타고 오르라고 권유했구나. 나는 또 끼워 팔기인 줄 알고 바로 거절했잖니……'

　후회해 봤자 낙타는 이미 떠났다. 그저 무거운 두 다리 하염없이 움직이는 수밖에. 밟아야 할 땅도 물렁물렁한 진흙 길이다. 하얗던 신발 밑창이 흙에 푹푹 빠지다 못해 황토색으로 변했다.

　'지친다 지쳐.'

　별로 무겁지도 않은 짐조차 다 내던지고 싶다. 아직 활화산은 코빼기도 보이지 않는다.

　'진짜 미친 거 아니냐? 돈 주고 여기를 왜 왔냐? 활화산이고 뭐고 그 전에 죽겠다……'

가파른 산을 오래 올라서 근육이 땅기는 느낌과는 달랐다. 뜨거운 공기가 온몸을 축축 처지게 만드는 느낌. 지금이라도 다 포기하고 싶다. 앞에 가는 낙타가 짊어진 매트리스를 빼앗아 그저 벌렁 드러눕고 싶은 마음뿐이었다. 챙겨온 랜턴을 야무지게 머리에 쓰고 등산화까지 신은 온 서양인 무리가 부러웠다. 한 손으로 계속 휴대전화 손전등 쥐고 걸으려니 더 지쳤다. 중도 하차는 불가능했다. 에리트레아와 국경을 접하고 있는 이곳, 몇 해 전 강도가 관광객을 살해한 사건도 일어났댔다.

제정신이 아니다. 두 다리를 그저 진자처럼 움직였다. 넋 놓고 가기를 얼마나 갔을까. 가이드가 다 와 간다고 했다.

'그런데 왜 부글부글 끓는 마그마는 안 보이니?'

아, 오늘 비박할 장소에 도착했다는 말이구나. 베이스캠프에 다 왔다. 이게 어디냐! 화산은 낮에는 기온이 너무 높아 등산할 수 없다. 밤에 출발해서 마그마를 구경하고 해 뜨기 전 산을 떠나야 한다. 숙소가 있을 리 없는 화산 중턱, 오늘 밤은 낙타가 메고 온 매트리스 위에서 자야 한다. 가이드가 낡은 매트리스를 한 장씩 나눠줬다. 그 위로 중간에 집어 던질 뻔했던 내 침낭을 깔았다. 걷지 않으니 땀이 금방 식으며 꽤 쌀쌀해졌다. 작은 잠자리 위에서 물도 꿀떡꿀떡 마시고 잠깐 벌러덩 눕기도 했다.

"자, 이제 출발합시다!"

드디어, 마그마를 보러 가는 시간. 10분 정도 걸었을까, 붉은 불빛이 보였다. 밤인데 산속에 태양이 떴다. 가까이 다가가니 태양 같은 구덩이가 운동장만큼 크다. 철철 끓는 붉은 불이 일렁였다. 아직 살아있음을 알려주듯 표면에서 순간 황금빛 불이 붙기도 했다. 용암 가장자리는 짙은 회색빛으로 잠시 굳었다

가 출렁이는 마그마 파도에 다시 녹아내렸다. 불구덩이가 춤추는 하나의 생명체 같다. 가이드 말은 이 '에르타알레'가 지구상에서 활화산에 가장 근접할 수 있는 곳이라고 했다. 마그마 철썩이는 소리와 나지막하게 들리는 부글부글 끓는 소리. 올라오며 느꼈던 짜증, 자책이 순간 증발했다. 끓다가 '펑!펑!' 터지는 마그마를 보면 아드레날린도 덩달아 폭발했다. 지구의 속살, 태초 모습을 구경할 수 있어서 다행이다. 고생한 만큼 만족감도 엄청났다.

한참을 구경하다가 베이스캠프로 돌아왔다. 잠깐 눈을 붙이고 새벽에 한 번 더 화산을 본다고 했다. 텐트도 없이 낡은 매트리스에서 잠을 청해야 하지만 하나도 짜증이 나지 않았다. 내 연두색 침낭 지퍼를 목 끝까지 올리고 번데기처럼 얼굴만 내놓았다. 에르타알레 정상 공기가 얼굴을 간지럽힌다. 텐트 대신 하늘 덮고 잘 날이 얼마나 있을까. 보기에 따라 다나킬 투어 1일 차 잠자리는 난민수용소 같아 보이기도 한다. 고생만 하고 누웠다면 불쌍한 캠핑으로 기억되었겠지만, 마그마를 본 덕에 하늘을 천장 삼은 낭만적인 잠자리로 기억에 남았다. 여행자와 현지인 가이드 그리고 무릎 꿇고 앉은 낙타까지. 별을 덮고 함께 잠이 들었다.

"Wake up! Everybody wake up!"

가이드는 어떻게 그리 부지런할까? 가이드가 깨우는 소리에 눈을 떴다. 한 번 더 마그마를 구경하는 시간. 도무지 익숙해지지 않는 폭발적 에너지. 시시각각 변하는 모습이 종일 바라보고 있어도 지루하지 않을 것 같다. 빨려 들어갈 것 같은 모습에 가까이 접근했다가 근처 땅이 무너지며 죽은 여행자도 있다고 했다. 가이드가 우리에게 주의주기 위해 한 말일지도 모르지만.

둘째 날도 차는 적잖게 타야 한다. 문제없다. 다음엔 또 얼마나 장관을 만나게 될까, 기대될 뿐이다. 차창 넘어 보이는 풍경 덕에 지루할 새도 없다. 둘째 날의 테마는 '소금'이다. 과거 바다였던 이 일대가 오래전 융기하며 바닥에 두꺼운 소금층이 남았다. 이곳 사람들은 땅에서 소금을 캔다고 했다. '소금 광산'에서 인부는 곡괭이로 소금바닥을 규칙적인 직육면체 모양으로 깼다. 소금 평야는 끝없는 수평선을 그린다. 구름 그늘 하나 없는 땡볕. 소금을 캐는 인부는 지친 내색 없이 진지하다. 관광객이 가벼운 마음으로 얼쩡거릴 노동 현장이 아니었다. 옆으로 앉은 낙타 수십 마리가 보였다. 이미 짐을 실은 낙타는 한 줄로 메인 채 어딘가로 향했다.

"낙타는 어디로 가요?"

"메켈레까지 가요. 걸어서 3일 걸리죠."

"왜 차 말고 낙타로 소금을 운반해요?"

"소금 광부들에게 차는 너무 비싸요. 낙타도 비싼데 차는 더 비싸요. 에티오

피아에서 차는 아무나 살 수 있는 물건이 아니에요."

근처에 소금호수도 있었다. 이스라엘 사해의 축소 버전이다. 가져온 수영복으로 갈아입고 바로 소금호수에 뛰어들었다. 물속에서 몸이 둥둥 뜨는 생소한 감각 경험. 엄마 품 같이 안전한 물속에서 이리 구르고 저리 돌아봤다.

이어지는 순서는 소금 사막이다. 가이드는 기막히게 해질녘쯤 우리를 사막으로 인도했다. 푸른 하늘이 보랏빛이 될 때까지 물이 찰랑거리는 소금 사막을 즐겼다. 멀리서 봐서는 소금 사막이 광활한 거울같이 매끈해 보이지만, 사실은 하얀 소금 바닥에 약간의 물이 고여있을 뿐이었다. 쪼리 벗고 자연이 만든 소금 지압 판도 밟아 봤다. 손가락 두 마디만큼 얕은 물이 발가락을 간지럽히는 느낌은 좋지만, 날카로운 정육면체 소금 결정은 제법 따가웠다. 화들짝 놀라 다시 쪼리를 챙겨 신었다. 스치는 바람에 바다 냄새가 어려 있다. 짠 바람에 남방 끝 나부끼며 소금 바닥을 첨벙첨벙 뛰어다녔다. 가이드가 술을 꺼내고 음악을 틀었다. 어제는 생고생, 오늘은 파티다. 하늘과 땅이 보라색인 세상에서 술한 잔을 걸친 우리는 모두 제멋대로 춤을 췄다. 우리 차에 탄 노부부도, 가이드도, 다른 차에서 온 젊은이도 모두 어린아이처럼 신이 났다.

마지막 날까지 다나킬 투어는 지루할 틈을 주지 않는다. 마지막으로 지구에 있는 '화성'에 들른다. 소금 바닥에 유황 성분이 더해져 바다 색이 야단법석이다. 노랑, 주황, 초록색 미네랄 물질이 마블링 그림처럼 어지러이 땅 위에 펼쳐져 있다. 풍화되고 남은 버섯 모양 바위, 위가 평평한 고인돌 모양 소금 바위도 이질적인 느낌을 더한다. 고약한 유황 때문에 이곳은 공기조차 이상하다. 경험하기 전에는 믿기 힘든 모양새다.

"아프리카 투어 중에서 가성비가 최고야!"

다나킬 투어를 먼저 경험한 친구 말이 맞았다. 이 투어는 관광객 혼을 빼놓는다. 어디에 가서 '활화산, 소금광산, 소금호수, 소금사막, 유황지대'를 한 방에 볼 수 있을까? 죽기 전에 심장까지 끓게 만드는 '에르타알레'를 꼭 다시 한번 마주하고 싶다.

이집트 가는 이유는 당연히 '피라미드, 아부심벨' 같은 고대 유적 때문이었다. 다합은 이집트에 왔으니까, 다이빙도 한번 배워 보자 싶어 들른 곳이다. 개헤 엄만 겨우 칠 줄 안다. 다이빙 수업을 결제하기 전 걱정이 밀려왔다.

"수영할 줄 모르는데 괜찮나요?"

"그러면 더 좋아요."

"어떻게 그럴 수가 있죠?"

"해 보시면 알아요."

이해가 안 된다. 바다로 들어가는데 왜 수영을 못하는 편이 더 좋다는 거지?

스쿠버다이빙을 배운다고 해서 곧장 바다로 들어가는 것은 아니었다. 먼저 물 밖에서 장비와 안전 수칙을 익힌다. 그런 다음 무릎까지 오는 바다에서 실습을 시작했다. 호흡기 물고 숨 쉬는 방법, 수경에 들어간 물 빼내는 방법을 배웠다. 그 뒤 내 키보다 살짝 깊은 곳으로, 수심 3m로, 점점 깊이 들어갔다. 호흡기 통해 숨쉬기가 익숙해지자 물속 세상이 눈에 들어왔다. 풍경이 심상치 않다. 모래사장에서 조금 걸어 들어갔을 뿐인데 천지가 물고기다! 니모, 새끼 복어, 형광 파랑 점박이 물고기가 지나간다.

'이런 세상이 있었다니!'

아직 배우는 중인데, 얕은 바닷속부터 눈 돌아가서 집중이 안 된다.

이집트가 테러, 시위로 바람 잘 날 없던 때였다. 다합은 그 언론 속 이집트 와 다른 나라 같았다. 바깥 정세와 관련 없이 고요하기만 하다. 다합에는 다이

빙 좋아 오래 머무르는 사람이 많다. 다이빙족을 사로잡으러 바닷바람 맞으며 식사할 수 있는 식당도 해변 따라 여러 곳이다. 이집트 음식뿐만 아니라 전세계 여행자 기호에 맞는 음식을 판다. 아침에 눈 뜨면 슬리퍼 신고 가까운 해변식당으로 갔다. 내륙에서 자라서 그런지, 바다는 그저 바라만 봐도 흐뭇하다. 어떤 날은 식빵에 치즈, 버터, 과일이 나오는 전형적인 서양식 식사를 시켰고, 빵이 질리면 토마토소스 속에서 달걀이 익혀져 나오는 에그 인 헬(샥슈카)을 먹기도 했다.

오전엔 주로 다이빙을 배웠다. 두어 번 연달아 다이빙 하고 피곤하면 낮잠도 잤다. 어깨 살갗이 한 꺼풀 벗겨질 만큼 햇살이 뜨거운 동네다. 해가 좀 누그러들 때까지 한낮엔 쉬는 편이 낫다. 오후에는 동네 구경을 했다. 다합은 작은 마을이라 어디든 걸어서 닿을 수 있다. '시장은 어떻게 가야 하지?' 싶어 지도를 보거나 교통편 뒤질 필요가 없다. 이동을 거듭하며 예민하게 날 선 감각을 내려놓을 수 있는 동네다. 길치인 나도 하루 이틀 만에 동네가 훤했다. 숙소에서 15분 걸어가면 재래시장이 나왔다. 파파야 하나와 망고 두어 개를 사왔다. 파파야는 늙은 호박처럼 생겼지만, 맛은 전혀 달랐다. 망고만큼 대놓고 달콤하지는 않지만 고소하니 은근한 단맛이 느껴진다. 은은한 다합 매력을 닮은 파파야. 잔뜩 깍둑깍둑 썰어 대야에 담아두고, 하나씩 집어 먹는 기쁨이란.

단순하고 만족스러운 생활의 연속. 한껏 안일하고 잔뜩 나태할 수 있는 곳. 언제 또 다합에서처럼 살아볼 수 있을까? '여행자의 블랙홀' 별명이 딱 맞다. 물가 싸고, 동네 조용하고, 세계적 다이빙 포인트까지 갖춘 동네. 그간 무거운 배낭 메고 이국을 전전하던 여행자는, 먹고 자고 체험할 것이 모두 만족스러운 다합에서 무너지고 만다. 몇 달 동안 이어진 여행 생활에도 휴식이 필요했나 보다.

자격증 수료 후에 본격적으로 '펀 다이빙'을 했다. 얕은 바닷속조차 이토록 신기하니, 깊은 바다는 얼마나 눈 돌아갈까? 보통 '다이빙' 하면 입수장소까지 배 타고 이동해 바닷속으로 뛰어들며 시작하는 경우가 많다. 다합은 배를 탈 필요도 없다. 해변에서 모든 장비를 짊어지고 조금만 헤엄쳐 나가면 수심이 뚝 떨어진다. 뱃멀미 심한 사람도 편안한 마음으로 다이빙 즐길 수 있어 좋다.

하루는 '장어 정원(Eel garden)'이라 불리는 포인트를 구경했다. 구워 먹던 굵고 시커먼 장어와 달리, 미꾸라지만큼 가느다란 장어가 사는 동네였다. 얇은 장어 수백 마리가 흰 모랫바닥에서 머리만 쏙 내밀고 동태를 살피는 중이었다. 까만 눈으로 주위를 두리번거리다 다이버가 손이라도 뻗으면 순식간에

모래 속으로 숨어든다. 장어한테 귀여움을 느낄 줄이야. 좀 더 깊이 들어가면
산호 꽃밭이 펼쳐진다. 장식장에 든 죽은 산호만 봐서, 산호는 다 하얀색인 줄
알았다. 살아있는 산호군락은 5월의 에버랜드 꽃밭보다 더 화려했다. 붉은 루
비, 노란 사파이어, 파란 에메랄드를 마구 뿌려 놓은 듯 몽환적이다. 종종 햇볕
이 직선으로 날아들 때, 그 보석들은 더 찬란하게 반짝인다. 일렁이는 물 깊이
에 햇볕이 차단되면, 푸른 물빛 필터를 눈앞에 끼운 듯 아련한 빛깔이 된다. 물
속에서는 외부 소리도 잘 들리지 않는다. 호흡기로 '씩-씨익' 내뿜는 내 숨소
리만 반복적으로 귀에 감길 뿐이다. 중성 부력을 잘 맞춰 바닷속에 오래 둥둥

떠 있자면 우주 속에 있는 것 같다. 무중력 상태처럼 바닥도 물 위도 아닌 공간을 떠돌며 바다 우주를 유영하는 기분. 오직 세상에 나 홀로 남은 것 같다.

다합에는 세계적으로도 유명한 블루홀이 있다. 바다 밖에서 봐도, 크고 시커먼 구덩이가 얕은 바다와 구분된다. 그 바닥에 닿고자 뛰어들었다가 희생된 사람도 많댔다. 그들을 기리는 추모비가 바닷가 절벽에 붙어있었다.
'뭐가 그리 궁금해서 저 구덩이 끝에 가려고 했을까?'
퍼렇다 못해 시커먼 블루홀과 추모비를 보면 두려운 마음도 든다. 여러 번 펀 다이빙에 따라다닌 뒤 마침내 블루홀 다이빙에 참가할 수 있었다.

석회동굴과 비슷한 원리로 형성된 블루홀 내부. 동굴 구조처럼 복잡하다. 입구는 좁고 내부는 넓어 자칫 길 잃으면 위험하다. 다합 블루홀에서는, 입수 직후 좁고 깊은 수직 방향 동굴을 따라 하강했다. 30m가량 중력에 몸을 맡기고 바닥으로 떨어진다. 점차 시야가 어두워졌다. 고개 접어 아래를 보면 검은 바다가 끝도 없다. 문득 무서운 생각이 들어 정신을 다잡았다. 수직 동굴 끝에 다다르면, 빠른 조류를 따라 블루홀 입구까지 유영한다. 얕은 곳으로 헤엄칠수록 산호는 햇빛 받아 더 화려하게 피어난다. 크리스마스 사탕 같은 빨갛고 하얀 뿔 단 라이언 피시도 보이고, 독버섯같이 화려한 파랑 물방울무늬 가오리도 보였다. 마침내 블루홀 내부에 도착했다. 앞, 뒤, 좌, 우 어디로 고개를 돌려도 푸른색 뿐이다. 발을 세차게 차서 제자리에서 재주넘듯 구르고 신난 돌고래처럼 옆으로도 빙글빙글 돌았다. 물에 잠긴 푸른 우주 속에서 방향감각이 없어지는 느낌이다.

다이빙은 스포츠가 아니고 물속 세상을 구경하는 레저랬다. 수영 실력은 중요치 않았고, 구경하고 싶은 곳에서 유지하는 능력만 키우면 됐다. 겁나서 숨을 빨리 크게 들이마시면 폐 속 공기 때문에 위로 끌려가고, 그렇다고 너무 공기를 빼면 바닥으로 가라앉는다. 중용을 유지하기 위해 호흡에 집중한다. 따뜻한 다합 바닷물이 손가락과 발가락 사이사이까지 감싼다. 무중력 상태를 닮은 따뜻한 바다는, 엄마 뱃속처럼 평온하고 자유로웠다. 수영할 줄 모르는 사람은 다리를 빠르게 찰 줄 몰라서 천천히 그 세상을 즐기기 더 유리하다. 수영과 해양레포츠는 내 것 아니라고 생각했다. 경험해 본 적도 없으면서. 땅보다 더 큰 바닷속 세상 구경은 놓치고 있었다.

'하고 싶은 것이 없다.'

경험해 보지 않아 뭘 하고 싶은지 모르는 중일 수도 있다. 이후 나는 어느 외국을 가도, 다이빙을 할 수 있다면 다이빙 샵부터 찾아갔다. 해 보지 않아서 몰랐지만, 내게도 하고 싶은 것이 있었다.

아프리카에도 무슬림 국가가 있는지 몰랐다. 아프리카는 토착 신앙이나 식민시대에 전해진 기독교 정도 믿는 줄 알 정도로 무지했다. 아프리카에도 아랍 문화권 국가들이 있었다. 역사적, 지리적으로 교류가 많았던 북아프리카 국가들이 그렇다. 아프리카의 아랍 국가, 모로코를 여행할 때다. 푸른 도시, '셰프샤우엔'에는 세상에 존재할법한 모든 파랑이 있었다. 길가의 시멘트벽, 2층짜리 벽돌집의 벽과 옥상, 대문까지 동네가 온통 푸르렀다. 열대 바다를 닮은 진 파랑, 맑은 가을하늘 같은 파랑, 흰 고양이의 눈을 닮은 파랑. 눈이 시원해지는 동네. 이미 유명할 만큼 유명한 도시라, 낮에는 관광객이 넘친다. 셰프샤우엔은 아침 식사 전에 한 바퀴 돌 때가 제일 좋았다. 사람 없는 고요한 길거리는 차분한 바닷속을 걷는 것 같이 편안했다. 어디서 나왔는지, 하얀 새끼 고양이를 만난 날도 기억난다. 이 고양이 녀석, 어차피 이 동네 살면서. 뭐가 그렇게 무서울까. 낯선 사람을 만나자 두 눈 똥그랗게 뜬 채 구석진 곳으로 숨는다. 머리부터 발끝까지 새하얀 아기 고양이. 겁먹은 듯한 호박빛 똥그란 눈에 파란 벽이 비쳐 녀석 눈동자가 연두색처럼 보였다.

마라케시의 궁전과 사원은 외벽이 현기증 날만큼 화려했다. 우상을 꾸미는 대신 발전한 기하학적 예술. 사원 벽에 붙은 대리석은 따라 그리라고 해도 어려울 만큼 정교하게 조각되어 있었다. 폭과 깊이가 기계로 깎아낸 것 같이 일정하다. 이슬람 사원 앞에 서면 늘 그 규모와 끝없는 반복에 압도당하는 느낌이 들었다. 모로코 전통 음식 '꾸스꾸스'와 '따진'도 입에 잘 맞았다. 꾸쓰꾸스는 쌀밥을 닮았고, 원뿔 모양 냄비에 조리된 따진은 갈비찜 같은 맛이 났다. 모

로코에 있는 사하라 사막도 갔다. 사막에서 하룻밤을 보낼 때, 사막에 누워 하늘을 봤다. 하늘에는 실로 반구 모양으로 별이 박혀있었다. 처음으로 지구과학에서 배운 '천구' 개념을 눈으로 보면서 이해했다. 그렇게 모로코에 푹 빠졌다.

오랫동안 모로코 수도였던 '페스'에 갔을 때였다. 관광객들은 구시가지를 주로 구경한다. '메디나'라 불리는 구시가지는 길이 미로처럼 복잡하다. 특히 수도 페스의 메디나는 가운데 있는 왕궁을 보호하기 위해 더 복잡하게 설계했다고 했다. 도시 문화가 오래된 만큼, 사람 성향도 모로코에서 가장 보수적인 도시다. 모로코에선 늘 주의하며 다녔지만, 더 언행을 조심해야 했다. 과거 모습에서 시간이 멈춘 미로 속, 지도 보며 야무지게 길 찾기는 거의 불가능하다. 구글 맵을 집어넣고 앞으로 앞으로 걸어 나갈 수밖에 없었다. 그래도 사람 사는 모습, 노점에서 파는 가죽 제품 구경은 재미지다. 지치면 바로 짠 오렌지 주스 한 잔으로 비타민도 보충했다. 미로 속에는 모로코에서 가장 오래된 가죽공장도 있다. 오늘날에도 옛 방식 그대로 방부처리를 한다. 근처만 가도 썩는 냄새가 진동했다. 입구에서 호객행위 하는 '자칭 가이드'가 민트 잎을 하나 뜯어 내밀었다. 가이드 따라 손가락으로 잎을 비벼 즙 낸 뒤 코에 꽂았다. 역한 냄새가 가려져 견딜 만하다. 천연 페브리즈를 코에 꽂고 염색공장으로 들어갔다. 소, 양, 말, 호랑이, 치타 …… . 모로코에 사는 모든 동물이 머리 빼고 앞발부터 뒷발까지 온전히 뜯겨, 햇볕에 말려지는 중이다.

종종 길 잃기도 했지만, 언제부터 이 모양이었는지 모를 미로 속을 걷는 일은 흥미로웠다. 그렇게 아무 생각 없이 걷다가 봉변을 당했다.
"아! 이게 뭐야!"
길거리에서 갑자기 물벼락을 맞았다. 위를 올려다봤더니 초등학생이나 될까 싶은 남자애 세 명이 건물 옥상에서 알아들을 수 없는 말을 지껄인다. 심장이 미칠 듯 쿵쾅거렸다.

'내 차림새가 마음에 안 들었나? 물 뿌릴 만큼?'

만감이 스쳤다. 애들은 저들끼리 키득키득하다가 건물 안으로 숨어버렸다. 잡으러 갈 수도 없고. 어깨가 부들부들 떨렸다. 물벼락 맞을만한 잘못은 한 적 없다. 추측건대, 그냥 여자 혼자 돌아다니는 게 '꼴 보기 싫어서' 장난친 것 같다. 이딴 취급을 받으려 여기까지 온 건가? 분통이 터졌다.

또 아랍 문화권인 이집트에서도 비슷한 사건을 겪었다. 거리를 걸으면 하루에도 몇 번씩 캣콜링(성희롱)을 당했다. 나일강 뱃사공 아저씨 사건 이후로는 혐오감이 극을 찍었다.

'여기 놈은 여자를 완전히 무시하고 사는구나.'

이집트 사람이 꼴도 보기 싫던 중, 혼자 배낭 메고 걷는 내 뒷모습에 누가 말을 걸었다.

"한-쿡 싸람 이에요?"

까무잡잡한 피부에 반짝반짝 빛나는 까만 눈동자가 매력적인 여학생이다. 히잡도 야무지게 썼다.

"한국 사람 맞아요! 한국어를 어떻게 해요?"

"케이팝 좋아해요. 샤이니 좋아해요. 한국어 혼자 공부했어요. 한국 사람 처음 만나요. 너무 좋아요."

독학으로 공부했는데도 한국어 실력이 대단하다. 정 막히면 영어로 말하는데, 영어는 한국말보다 더 유창했다. 처음 만나는 한국 사람에게 궁금한 점을 마구 쏟아냈다.

"숙소는 어디에요?"

"저 앞에 ○○ 호스텔이에요."

"그런 숙소가 있어요? 그쪽에 호텔이 있는지 몰랐어요. 거기는 얼마에요?"

"150파운드 (12,000원 정도)에요."

"그렇게 싼 호텔도 있어요? 나중에 내가 한국 가면 그런 숙소 찾아 줄 수 있어요?"

"그럼요."

나도 이 이해 안 되는 문화에 관해 물어볼 기회였다. 그간 여행하면서 있었던 일을 소녀에게 털어놓았다. 어린 소녀 역시 자기 일인 양 내 고춧돌에 공감해줘서 조금 위로가 됐다.

조심스럽게 물었다.

"히잡 쓰고 있으면 덥지 않아? 벗을 순 없어?"

"나 이 히잡 지금이라도 벗어도 돼요. 근데 내가 좋아서 안 벗는 거예요. 내 문화인걸요."

남의 강요였다면 당장 벗어던질 수 있는 부분인가 보다. 계속 언어를 공부하고 대학에 가서는 정치학을 전공하고 싶다고도 했다. 미래에 외교관이 될 거랬다. 똘망똘망한 눈동자와 언어능력을 보니 꼭 그렇게 될 수 있을 것 같다. 주도적으로 삶을 살아가는 이슬람 여자가 하나도 없는 건 아니구나. 편견 200%던 이슬람 문화에 대한 색안경을 조금은 거둘 수 있었다.

이집트 여행 막바지쯤, 동행이 생겼다. 하루는 동네식당에 함께 저녁을 먹으러 갔다. 인기 많은 식당이라 자리가 부족했다. 자리가 부족하면 아무나와 합석해 앉는 분위기였다. 이집트 젊은 부부와 합석하게 되었다. 네 명은 이야기가 잘 통했다. 말도 안 되는 농담을 주고받다가 내가 친구를 한 대 때리는 시늉했다. 순간, 이집트 남자의 그렇지 않아도 왕방울 만한 눈이 튀어나올 만큼 커졌다.

"한국에서는 다 그렇게 하니?"

"아……. 이슬람 문화에서는 그러면 안 되지……?"

아직 완전히 걷어내지 못한 이슬람 문화 편견 때문에 예의 없는 말을 내뱉고 말았다.

"오…… 아니야. 이슬람 문화건 아니건, 어떤 경우에도 남을 때리면 안 되지 않을까?"

뒤통수를 한 대 얻어맞은 것 같다. 그렇지. 그냥 다른 사람은 때리면 안 되는 거지. 이곳에도 상식적인 사람이 있고, 상식적인 생각이 통하는 구나.

어디에나 좋은 사람, 이상한 사람이 섞여 산다. 종교가 그리는 원래 방향대로 자부심 가지고 살아가는 사람이 있고, 나쁘게 변해버린 사람이 있을 뿐이었다. 떠올려 보면 모로코와 이집트에서 얼마나 좋은 기억이 많았는데. 단면만 보고 전체를 판단했던 걸까. 편견 가득한 눈으로 이 나라를 바라봐서 놓치는 것도 많았을 것 같다. 주의는 하되, 편견에 갇혀 여행하지는 말자고 다짐했다.

7. 세렝게티에서 크리스마스를

그 유명한 '세렝게티'는 탄자니아에 있다. 크리스마스이브에 2박 3일 세렝게티 투어를 시작하게 되었다. 8월에 러시아에서 출발해 이곳 탄자니아까지 어떻게 잘 흘러왔다. 홀로 떠난 여행, 혼자라는 사실에 익숙해지려 했지만 혼자 맞는 생일은 솔직히 외로웠다. 리투아니아였던가, 생일만은 혼자 보내기 싫어 호스텔에서 누군가와 친해지려 노력했다. 어찌 애쓸수록 더 마음처럼 되지가 않더라. 일상에서 벗어나 새로운 일을 마주하러 떠난 길이지만, 본래 일상적이지 않은 날들 앞에서는 마음이 출렁거리기도 했다. 한 해 끝을 앞둔 크리스마스도 그럴 뻔했다.

아프리카의 여느 국립공원이 그렇듯, 탄자니아 세렝게티 역시 개별입장은 불가능하다. 현지 여행사 투어에 참여하는 것이 보편적이다. 여러 여행사에서 모집한 인원을 짜 맞춰 팀을 꾸려줬다. 단체로 오지 않는 한 누구와 함께 2박 3일을 보낼지 운명에 맡기는 수밖에. 두 명의 젊은 이스라엘 친구, 나이 든 스페인 남자, 30대 중반 프랑스 여자가 나와 한 팀이 되었다. 한명 한명 차에 오르며 유쾌하게 인사하는데, 예감이 좋다. 영어가 깊지 않아 그런지, 영어가 제2외국어인 사람들과 더 잘 말이 통했다. 온전히 내 입장에 봤을 때, 멤버 구성이 괜찮다.

'아루샤'에서 세렝게티 국립공원이 있는 '카라투'까지 뻥 뚫린 직선 도로 따라 이동하는 내내 지프차가 시끌벅적했다. 그동안 어디를 여행했으며 어디는 어땠는지에 대해 떠들었다. 같은 목적 가지고 모인 사람이라 대화가 물 흐르듯

자연스럽다. 늦은 오후, 오늘 묵을 캠핑장에 도착했다. 샤워장과 식사 공간은 공용이었고 미리 쳐 둔 텐트는 개인용이었다. 세렝게티 투어는 가이드 한 명, 요리사 한 명과 함께 한다. 요리사의 역량에 따라 2박 3일 밥이 좌우된다고도 했다. 캠핑장이라 아무래도 조리 시설은 열악해 보였다. 우리 팀 요리사는 땅 바닥에 놓인 가스탱크 하나로도 훌륭한 요리를 만들어 냈다. 세렝게티 한가운데서 수프, 빵, 샐러드, 주요리, 후식을 내 오다니. 심지어 다 먹고 나면 커피와 과일까지 준다. 이럴 수가. 구경거리는 만족스러웠지만, 식사는 참치 통조림과 흰밥, 감자가 전부였던 에티오피아 다나킬 투어와 비교됐다.

세렝게티에서 맞는 크리스마스이브. 온 지구가 챙기는 기념일이 맞는지, 캠 핑장 공용 식당에도 크리스마스 분위기가 역력했다. 꼬마 전구를 천장에 주렁 주렁 달아뒀고 스피커로는 캐럴을 틀었다. 사방이 풀과 나무다만, 굳이 플라 스틱으로 만든 트리도 하나 세워뒀다. 조악하지만 크리스마스 느낌 나는 빤짝 이 끈으로 트리를 칭칭 감았다. 이 분위기, 밥 다 먹었다고 텐트로 들어가고 싶지가 않다. 둘러앉은 식탁에서 티타임이 끝나질 않았다.

'세렝게티에서 이브를 보낸다니!'

서양인들은 특히 더 신이 났다. 내일 일찍 길을 떠나야 한다는 사실도 잊은 채 살아온 이야기, 돌아가 무슨 일을 할지. 사뭇 진지한 이야기를 나눴다.

다음 날 아침, 가이드가 진흙 바닥에 찍힌 코끼리 발자국을 가리켰다. 크리스마스 분위기로 후끈 달아오른 캠핑장이었지만, 실로 그 밖은 야생이 맞았다. 두 번째 날부터 본격적으로 동물을 구경하러 나섰다. 6인승 도요타 지프는 천장이 위로 활짝 열렸다. 차례로 자리에서 일어서서 세렝게티 바람을 만끽했다. 위가 평평하게 생긴 테이블 트리, 처음 보는 바오밥 나무를 봤다. 오프로드에 이는 흙먼지를 얼마든지 맞아도 좋았다. 세렝게티를 달리는 지금을 만끽하고 싶기에.

'동물 많이 볼 수 있을까?'

내가 일어설 차례라, 지프 천장 위로 고개 쑥 내밀고 주위를 두리번댔다. 멀리 기린이 보였다. 멀찍이 지나가는 지프 따위는 신경도 쓰지 않는다. 아침 먹나 보다. 나뭇잎을 끝도 없이 뜯는다. 기린과 코끼리를 비롯한 몇몇 동물은 실제로 꽤 자주 볼 수 있었다. 어른 코끼리가 청소년, 아이 코끼리 이끌고 가는 모습도 봤다. 귀하다는 상아도 단단하니 온전해 보였고, 동물원에서 본 늙은 코끼리와 달리 활력 있는 느낌이었다. 가이드가 차를 세우고 손가락으로 어딘가를 가리켰다. 쌍안경으로 손가락 방향을 응시하니 미어캣이 보였다. 팔뚝보다 짧은 미어캣이 망 살피는 모습이 얼마나 귀엽던지. 심지어 한 마리도 아니었다. 망보는 녀석 뒤로, 한 무리가 반상회 중이다.

세렝게티의 대표적인 동물을 묶어 '세렝게티 Big 5'라고 부른다. 사자, 코끼

리, 하마, 표범, 코뿔소가 그 주인공이다. 여기서 코끼리를 빼고는 만나기가 그리 쉽지 않다. 가이드는 우리에게 Big 5를 모두 보여주기 위해 분주하다. 다른 가이드와 쉴 새 없이 무전을 나누고, 어디서 발견됐다면 급하게 핸들 꺾기도 한다. 그 다섯 동물을 모두 만나게 해 줬느냐가 가이드의 역량이랬다. 동물뿐 아니라 가이드에게도 세렝게티는 치열한 삶의 현장이었다.

솔직히 '눈앞의 내셔널 지오그래픽'를 바라고 지구 반대편부터 이곳까지 왔다. 치타고 사자고 코앞에서 볼 수 있을 줄 알았다. '대포'만 한 망원 카메라 정도는 가져와야 그 거리에서 찍을 수 있나 보다. 현실은 야생동물과 멀찍이 떨어져 구경하는 시간이 대부분이었다. 내 미러리스 카메라로는 최대 확대해 봤자 그저그런 사진밖에 남지 않는 거리였다. 그래, 여기는 동물원이 아닌 야생이지. 허락 없이 그들의 집에 들어온 마당에 코앞까지 가겠다는 생각은 욕심이었나 보다. 그래도, 그 원거리에서 봐도 화면으로 보는 사자와 실제 사자는 달랐다. 아무리 HD급 화질 기술이 발전해서 가수 모공까지 집에서 들여다보여도 사람들은 콘서트에 간다. 실제가 주는 희열은 아무리 생생한 영상과도 견줄 수가 없기 때문이다. 오래 기다린 끝에 한 마리 표범이 자세라도 고쳐 누우면 차 안에는 작은 환성이 쏟아졌다. 기다림이 생각보다 지루하지는 않다. 모니터에는 없는 세렝게티의 바람, 냄새, 소리가 여기에는 있기 때문이다. 껑충껑충 뛰어가는 얼룩말의 통통한 엉덩이를 볼 때는 섹시함이 느껴졌다. 동물보고 섹시하다고 느끼다니. 그렇지만 검정과 흰 줄무늬가 교차하는 얼룩말의 엉덩이 근육 움직임은 정말 그랬다.

들판에 둘러앉아 도시락으로 점심 먹기도 했다.

'원숭이 조심해!'

가이드가 신신당부했다. 빙 둘러앉아 사방을 경계하며 식사했다. 순간, 독수리만큼 크고 검은 이름 모를 새가 날아들어 이스라엘 친구 도시락 속 머핀 하나를 채어갔다.

"하늘도 조심해야 했나 봐!"

  덩치 커 남보다 더 먹으면 먹어야 할 이스라엘 청년. 순식간에 빵 하나를 잃은 분통함에 발을 구른다.

  석양 질 때까지 종일 세렝게티를 누볐다. 짙게 떨어지는 오렌지색 석양을 봤다. 지프 창밖으로 보이던 붉은 주황빛 하늘. 그 기억이 강렬해, 세렝게티 초원이 아무리 푸르러도 내게 세렝게티는 주황색 기억으로 남았다.

  아프리카라도 초원의 새벽은 춥다. 낮에 입던 반팔 티셔츠로는 어림도 없다. 긴 옷 겹겹이 입어도 오돌오돌 떨릴 정도였다. 야생동물은 남들이 잠자는 새벽을 노린다고 했다. 그 시간에 맞춰 길을 나섰다. 마지막 날, 행운이 따랐다. 새벽 사냥 나온 사자를 만난 것이다. 우리 지프 앞을 동물의 왕이 터벅터벅 지나갔다. 추워 바들바들 떠는 세렝게티 손님과 달리 초원의 제왕은 아찔한 새벽 공기에도 위풍당당했다. 망원경 없이도 선명한 다큐멘터리를 봤다.

세렝게티 투어의 마지막 방문지는 '마사이족' 마을이다. 아직도 세렝게티 안에서 전통 모습대로 사는 부족이 있다고 했다. 자연에서 사는 자유로운 동물을 구경하고 싶어 세렝게티에 왔다. 과연 이 안에 사는 사람 삶도 자유로울지는 의문이었다. 정말 자유로운 부족이라면, 관광객의 방문을 그리 달가워하지 않을 것 같다. 이 마을 구경한답시고 휘젓고 다니는 행동. 과거 서구 열강이 만든 '인간 동물원'에 들어가는 것과 무엇이 다를까 싶어 내심 꺼림칙했다. 인간이 인간을 구경하는 일 같아 영 내키지는 않았다.

우리가 올 시간을 정확히 연락이라도 받은 양, 지프가 도착하자 우선 '환영 공연'이 펼쳐졌다. 울타리 너머, 나무와 짚풀을 모아 지은 몇 채 안 되는 흙집이 보였다. 빨강, 보라, 파랑, 검정이 섞인 체크 무늬 원색 천을 두른 마사이족. 울타리 앞에서 춤추며 노래를 불렀다. 팔찌, 목걸이, 귀걸이, 반지도 여러 겹에 휘황찬란했다. 정말 우리가 오지 않아도 저 치렁치렁한 장신구를 다 걸치고 생활할까? 영어 유창한 한 마사이 족에게 친구라는 말을 쉽게 건네는 스페인 아재. 그 아재와 달리 나는 이상한 기분이 들었다. 그 화려한 장신구가 어째 그들의 굴레처럼 느껴졌다. 자유자재로 초원 뛰노는 동물과 수십 개의 장신구를 걸치고 사람 기다리는 마사이족. 무엇인가가 잘못되고 있지 않나?

동물원과 다르고 세상 어디와도 다르다. 세렝게티 초원에서 만난 야생동물은 다큐멘터리 화면과 달리 오감으로 다가왔다. 버튼 누르면 시작되는 영상과 달리 찾아가야 하고 오래 기다려야 한다. 불편했지만 그들의 작은 움직임에도 저 아래서부터 탄성이 나왔다. 일상이 문득 힘없게 느껴질 때 세렝게티에서의 크리스마스를 반추해 본다.

'그래, 나 사자도 만나고 온 사람이지!'

8. 지금, 이 순간

아프리카 대륙은 무지하게 크다. 중국 동서 길이와 미국 남북 길이를 더해야 아프리카 대륙 남북 길이가 된다. 이집트에서 탄자니아까지 아프리키 동쪽 해안 따라 내려왔고, 계속해서 남아프리카 공화국까지 내려갈 생각이다. 이집트에서 에티오피아까지 한 번 비행기 탄 것을 제외하고는 모두 버스로 이동했다.

몇몇 도시를 제외하고는 제대로 된 버스 터미널도 없었다. 다른 도시로 이동하고 싶으면 알음알음 정보를 얻어야 했다. 숙소 주인에게 '어느 도시로 가고 싶다' 물으면, 버스 탈 수 있는 장소를 아는 대로 가르쳐 줬다. 물론 그 도시사는 숙소 주인이라고 해서 버스 시간까지 통달한 것은 아니다. 미리 버스 타는 곳에 들러 다시 한번 확인할 필요가 있었다. 정식 터미널 아닌, 이런 식 버스 승차장은 어디나 시장바닥이 따로 없다. 끊임없이 승객 찾아 목적지 외쳐대는 기사, 비키라고 빵빵대는 수많은 버스, 제가 탈 버스 찾아 헤매는 사람들, 그 와중에 보따리 이고 손님 찾는 보따리장수. 수십 대 중고 버스가 내뿜는 매연과 열기까지 공터 안에 가득하다. 정신 바짝 안 차리면 뭐 하나 털리기 딱 좋은 분위기다.

이런 시장통에서 원하는 버스 제대로 찾아 타기가 쉽지 않다. 인파를 헤쳐 겨우 탈 버스를 찾았다. 그나마 편안하게 생긴 구석 자리로 가 궁둥이도 붙였다. 버스 주인이자 기사가 다가왔다.

"너는 두 명 요금을 내야 해."

"왜?"

"배낭을 봐. 너무 크잖아. 우리 버스는 짐 실을 곳 없어서 좌석에 둬야 한다고."

짐가방 잔뜩 들고 가는 현지인들에게는 별말 없으면서 괜히 생트집을 잡는다. 오기가 나 내 자리 앞 빈 공간에 배낭을 쑤셔 넣었다. 그 위로 양반다리 틀고 다리를 올렸다.

"이러면 됐지?"

어이없지만, 더 할 말도 없는지 시비가 끝났다. 차는 또 얼마나 낡았는지. 일본 차, 한국 차, 유럽 차 가리지 않고 중고차를 사와 버스로 삼는다. 얼마나 많은 사람이 이 자리를 거쳐 갔는지, 좌석 스펀지가 다 삭아 딱딱하다. 2인 좌석이라면, 최소 3명은 궁둥이 붙여야 출발했다. 그 덕에 가격은 아주 싸다. 네 시간 가는데도 버스비는 우리 돈 천 원 정도에 불과했다.

아프리카 여행, 의외로 마음먹지 않으면 현지인과 접촉할 기회가 잘 없더라. 현지인과 함께 이용하는 이동 시간이 기회다. 내 옆자리엔 젊은 엄마와 어린 딸 둘이 앉았다. 엄마는 개나리같이 노란 바탕에 화려한 꽃무늬 패턴 그려진 옷을 입었다. 혼자 셀카를 찍다가, 같이 찍자는 제스쳐를 보냈다. 젊은 엄마는 카메라를 보고 활짝 웃어주지만, 어린 딸들은 부끄러워 고개를 돌렸다. 두 시간 정도 지났을까? 옆자리에 앉아 어깨와 엉덩이를 수십 번은 부딪히고야 마음이 조금 열렸나 보다. 그제야 소녀들이 앵글 속으로 얼굴을 내민다. 가끔 알 수 없는 도시에서 버스가 정차하면 노점상들이 벌떼같이 창문을 두드렸다. 파는 품목도 다양하다. 주먹 두 개만큼 큰 토마토, 피망, 양파, 초록 바나나를 창문 너머로 들이민다.

'채소를 지금 왜 파는 거지? 여기서 어떻게 먹으라고?'

여행자는 혼란스럽지만, 영 수요가 없는 건 아니었다. 삶은 달걀이나 깎은 과일을 보면 군침이 돌긴 했다. 나도 망고와 파인애플을 한 봉지 섞어 샀다. 자연스레 고춧가루 같은 양념을 뿌리려 한다.

"NO, no, no, no, no!"

다급하게 외쳤다. 아직 매운 망고를 먹을 각오는 되지 않았다.

딱 한 대 지나갈 만큼만 닦아 둔 도로 따라 한참을 달렸다. 나지막한 산을 길 따라 올라가던 중. 짐짐 속도가 느려지더니, 끝내 차가 멈췄다. 저 멀리 짐 싣고 가다가 비스듬히 엎어진 덤프트럭이 보였다. 우리 앞으로 이미 다른 버스도 줄줄이 멈춰 서 있었다. 한낮, 멈춘 버스는 찜통으로 변해간다. 견디다 못한 사람들은 하나둘 버스 밖으로 나갔다. 풀밭, 나무 그늘 등 아무 곳에나 가서 기대어 앉는다.

'이 나라에 도로 관리하는 직원이 있을까? 있어도 이 산길에 퍼진 덤프트럭을 무슨 수로, 언제 치울까? 다르에스살람 언제 가지……?'

성격 급한 한국인. 사고 현장을 쳐다볼수록 답답했다. 어디서 소식 들었는지 음료수 행상도 사고 지점으로 속속 찾아왔다. 그래도 아이스박스에서 꺼낸 콜라는 차갑다. 나도 이곳 사람들처럼 풀밭에 주저앉아 코카콜라나 한 병 마셨다. 도로 옆 난간을 치우고 임시로 길 만들 때까지 네다섯 시간이 걸렸다. 가는 길이 말도 안 되게 늦어졌는데, 불같이 역정 내는 사람이 없다. 성질 급한 한국인 보기에는 기가 막힌 풍경이다.

'이 사람들 뭐지. 느긋함이 체질인가? 나만 열불 터지나?'

엉덩이는 빠개질 듯 아파오고, 예정된 도착 시각 같은 건, 이미 의미 없는 단어가 되었다. 가까스로 하루 안에 '다르에스살람'에 도착은 했다. 아랍어로 '평

화의 항구'라는 뜻이라고 했다. 평화의 항구 오다가 엉덩이 깨질 뻔해서, 첫
인상이 좋지는 않았다. 다음 날 도시를 돌아봤다. 역시 이름과 달리 황량하
기 그지없다. 어차피 여긴 '잔지바르 섬'으로 가기 위한 관문 도시일 뿐이었
다. YMCA가 운영하는 호스텔에서 이틀 밤 자고 첫 페리 시간에 맞춰 길을
나섰다.

　아침부터 태양이 강렬하다. 선착장까지 택시를 타는 게 낫겠다. 미터기 같은
건, 현지인 사이에서나 통하는 방식이고. 여행자와 택시 아저씨는 늘 가격 흥
정부터 한다. 몸뚱이만 한 배낭에 두리번거리는 눈빛까지. 여행객 티가 안 날
수 없다. 차로 5분이면 갈 거리인 걸 아는데. 한참 바가지를 씌운다. 적당히 불
러야지 속아 줄 텐데! 관광객 하나 등쳐먹겠다는 심보에 화가 났다. 30분 거리
를 배낭 메고 걸었다. 구름 한 점 없는 맑은 하늘, 이 순간엔 야속하다. 아침부
터 쓸데없이 짐 메고 걷느라 기운이 쏙 빠졌다. 내가 택시 타나 봐라, 씩씩거리
며 선착장에 도착했다. 한숨 돌리며 배 시간을 기다리는데…….

　'어, 카메라?'

　내 모든 여행을 함께한, 옛날에 이탈리아에서 고장 났던 그 카메라. 카메라가 없다. 오늘 아침까지 봤으니……. 숙소에 놓고 온 것이 틀림없다! 배 출발시각까지 얼마 남지 않았다. 바로 택시에 손을 내밀었다. 부르는 대로 돈을 줬다. 리셉션으로 달려갔다. 매일 똑같이 앉아있던 주인이 그 자리를 지키고 있다.

"안녕하세요! 제 방에 남기고 간 것 없었어요?"

"없었는데?"

"진짜예요? 진짜요?"

"뭐가 없는데?"

"그게……. 음……."

"No! 거짓말! 여기 있지롱!"

순간 다리에 힘이 탁 풀렸다. 그 카메라 잃어버리면 아프리카 사진은 다 증발하는 상황이었다. 나를 들었다 놨다 하던 유쾌한 여사장님 얼굴이 아직도 생생하다.

"너 침대 위에 딸렁 두고 갔더라? 어떻게 그걸 못 보고 갈 수가 있어?"

방 청소하는 분이 발견하시고 맡겨 두었다고 했다. 사장님과 얼굴 모를 정직한 직원 덕분에 카메라를 찾았다. 정직하고 친절한 기억에 다르에스살람 YMCA 호스텔, 아직도 그 이름을 잊을 수 없다. 연거푸 감사 인사를 꾸벅인 뒤, 택시 타고 선착장으로 돌아갔다. 다행히 배는 떠나지 않았다.

'카메라 찾아서 다행이긴 한데, 두 번이나 부르는 대로 돈 주고 택시 탈 거였다면, 아침에 왜 미련하게 걸었냐? 짐이나 잘 챙기지. 헛똑똑이다, 헛똑똑.'

자괴감도 살짝 올라오려 했지만, 카메라를 찾았으니. 잊어버리기로 했다.

딱 맞게 페리에 올라탔다. 배 타는 일을 대수롭지 않게 생각했다. 이전에 몇 번 탈 때는 별 느낌 없었기 때문이다. 풍랑이 심한 날이었는지, 그날 컨디션이 난조였는지 모르겠다. 섬까지 가는 2시간 동안 지옥문을 봤다. 배 안이라서 당장 벗어날 수도, 멈출 수도 없는 고통의 시간. 속이 밑바닥부터 끌려 올라오는 듯 역겹다. 여러 명이 손으로 내 머리를 짓누르고 흔드는 듯 어지러웠다. 빨리 시간이 가기만을 빌고 또 빌었다.

어렵게 '잔지바르 섬' 땅을 밟았다. 땅을 디뎠지만, 여전히 물 위에 선 듯 다리가 후들거렸다. 한동안 바닥이 출렁거리는 느낌이 끝나지를 않았다. 휴, 이렇게 생고생했는데. 숙소는 좋은 곳으로 해야겠다. 해먹 달린 잘 가꿔진 정원이 딸린 호텔에 짐을 풀었다. 바다가 좋아 이 섬에 왔는데. 멀미를 너무 심하게 해 바다에 들어갈 생각도 안 든다. 숙소서 바다가 가깝다니 그래도 한 번은 보고 와야겠다.

아랍 문화권의 항구로 키워진 잔지바르 섬. 마치 모로코의 메디나처럼 길이 복잡하다. 구불구불한 골목길 지나, 처음 바다와 만나는 순간. 환호가 터져 나왔다.

'그래, 이 모습 보려고 그랬나 봐.'

태어나서 본 바다 중에 제일 '밝았다'. 물 맑은 건 당연하고, 죽은 산호가 부서져 새하얗게 밝은 바다였다. 흰 가루가 하늘빛 바닷물과 섞여 불투명 수채화처럼 흰색에 파란 한 방울 떨어트린 물빛이 되었다. 맨눈으로는 쳐다보기 눈 시릴 만큼 밝고 아름답다.

시끄럽고 엉덩이 아프던 중고 버스, 아침

부터 카메라 때문에 고생한 시간, 구역질 나던 페리…… 그 물빛 하나로 다 상쇄가 되었다. 볼 것, 먹을 것, 할 것 많은 잔지바르에서 또 잠시 쉬어가야겠다. 6개월 동안 여행 위해 아르바이트 한 시간, 에티오피아, 케냐, 탄자니아에서 탄 고통의 버스들, 땅의 소중함을 깨닫게 해준 페리. 천국 같은 이 섬에 오려고 그랬나 보다.

'나미브 사막'과 '듄 45'.

암벽 없이 붉은 모래만으로 만들어진 언덕이 있다. 그 위에 선 사람은 성냥개비만큼 작았다. 바람 방향 따라 쉴새 없이 갈린 사구 꼭대기는 펜촉처럼 날카로워 보였다. 바람 따라 거대한 몸뚱이를 옮겨 다닌댔다. 세계에서 가장 높은 그 사구에 올라보고 싶었다. 푹푹 빠지는 걸음을 견디며 잔뜩 땀을 쏟아내고 꼭대기에 걸터앉아 일출 보는 시간. 얼마나 멋질까?

아프리카 여행 꿈꾸는 사람이라면 한 번은 들어봤을 법한 나미비아의 나미브 사막. 그 안에 있는 '듄 45' 사구에 나도 가 보고 싶었다. 모로코에서 '사하라 사막'에 갔다. '사막'은 그 자체로 어떤 유적지와도 다른 감흥을 줬다. 듣기에, 모로코 사막이 투어 지프와 낙타 타고 편하게 접근 가능하다면, 나미브 사막은 좀 더 날 것 느낌이 난다고 했다.

그 당시 나미비아는 여행할 나라 중 유일하게 '사전 비자'가 필요했다. 비자는 방문 '전' 인근 나라에서 발급받아야 한다. 잠비아 '루사카'에 나미비아 대사관이 있었다. 여기 가서 무난히 신청, 발급받고 나미비아에 가면 되겠지. 특별히 구경할 것 없는 루사카를 비자 발급 위해 들렀다. 대사관 모인 잘 사는 동네. 여행자에게는 더더욱 메리트가 없다. 지내던 동네와 다르게 깨끗한 거리가 낯설었다. 깨진 아스팔트도 없고 담장과 주택들도 멀쩡했다.

'역시 대사관 있는 동네는 좀 다른가?'

네모반듯하게 구획된 동네에서, 비슷하게 생긴 건물을 돌고 돌아 나미비아 대사관에 도착했다.

'High Commission of The Republic of Namibia'
시커먼 철제 대문이 잠겨있다.
'문이 닫혀있네. 여기가 정문은 아닌가 봐. 다른 문은 어디지?'
뒷문 찾으려 돌아서는데, 영어로 뭔가 적힌 A4용지 한 장이 눈에 들어왔다.
'12월 중순부터 내년 1월 중순까지 한 달간 비자 업무 부서는 닫습니다. 불편은 유감입니다.'
비라도 오면 어쩌려고. 이 중요한 내용을 종이 한 장 덜렁 테이프로 붙여놓다니…….

겨울 휴가를 길게 갔거나 이쪽 대사관에 문제가 생긴 모양이다. 루사카까지 버스 타고 와서 또 대사관까지 택시 타고 왔는데……. 너무한 것 아니냐!
"이 자식들 한 달 동안이나 휴가를 가? 그러면 다른 방법이라도 마련해 줘야 할 거 아냐!"

외쳐봤지만 허공으로 흩어질 뿐이었다. 자비 없는 휴가 기간, 대안 없는 업무 중단 소식. 저놈의 철문을 한 방 발로 쾅 차고 싶었다.

열이 뻗치며 힘 빠져서 눈앞에 보이는 식당으로 갔다. 시원한 사이다 한 병을 시켰다. 케밥도 하나 주문해 대사관 대신 잘근잘근 씹었다. 탄수화물 긴급 수혈로 기분이 좀 나아졌다. 여기까지 오느라 보낸 시간은 아깝지만, 비자 받으려 또 다른 대도시를 찾아가는 일도 낭비같이 느껴졌다. 그곳도 지금 연말 휴가일지도 모르고.

'나미비아는 포기하자. 그 대신 건기라 가지 않으려 했던 빅토리아 폭포로 가자. 죽기 전에 다시 아프리카 안 올 거 아니잖아?'
나미브 사막을 다시 아프리카 올 이유로 남겨 두기로 했다.

하룻밤 루사카에서 묵고 바로 '빅토리아 폭포'가 있는 '리빙스턴'으로 갔다. 이 폭포를 처음 서양 세계에 소개한 탐험가 이름으로 도시 이름까지 지어버렸다. 그만큼 폭포와 밀접하게 관련지어 사는 그 도시에 도착했다. 유명하다는 호스텔에 짐을 풀었다. 아프리카 내에서도 남쪽으로 내려올수록 나아지는 경제 사정이 눈으로 보인다.
'호스텔에 풀장이 있다니……'
풀장 주변과 호스텔 곳곳에 망고나무 수십 그루도 심겨 있었다. 시기상 겨울이지만, 축복받은 아프리카 땅이라 12월에도 따뜻하다. 커다랗고 푸른 나무에 주렁주렁 달린 노란 망고가 탐스럽다. 일부러 기르는 것도 아닌데, 저 정도로 많이 열매가 달리다니. 열대 땅의 기운은 대단했다.

조식 먹고 풀장 선베드에 잠깐 누워있는 중에, 더 놀라운 광경을 보고 말았다. 다 익어 바닥에 떨어진 망고를 청소부가 빗자루로 가차 없이 쓸어낸다. 우리나라에서 가로수 은행나무 열매를 마구 쓸어버리듯 말이다.

'저 실한 망고를 그냥 버린다고?'

알뜰한 코리안, 그냥 넘어갈 수가 없다. 망고 청소 중인 직원에게 물어봤다.

"이 망고 먹어도 되는 거야?"

"물론이지!"

"그런데 왜 버려?"

"여기 봐, 여기도 망고, 저기도 망고. 망고, 망고! 너무 많아!"

그렇다면? 호스텔을 한 바퀴 걸으며 가장 실해 보이는 망고 서너 개를 주어왔다. 익을 만큼 익어 자연스레 떨어졌기에 짓무른 것도 많았지만, 워낙 개수가 많아 멀쩡한 망고도 많았다. 호스텔 주방으로 가, 껍질 벗기고 한입에 쏙 들어갈 크기로 썰었다. 접시에 쌓고보니 망고 산이 수북하다. 망고 산을 소중하게 안고 풀장 옆 선베드로 갔다.

'오늘은 쉬는 날이야!'
마음대로 급 휴일을 선언했다. 푹 익어 자연스럽게 떨어진 망고는 설탕만큼 달콤했다. 다 먹은 그릇은 잠시 옆에 내려다 두고 그대로 쓰러져 그늘막에서 낮잠도 잤다. 오후에는 풀장에서 수영도 했다. 쉬는 날이니까 저녁도 요리해 먹어야지. 소시지 볶음밥을 볶고 달걀 푼 얼큰 라면 국도 끓여 냈다. 역시 물놀이 후엔 라면이다.

나미비아 못 가면 어때? 이렇게 만족스러운 날을 보냈는데. 수영하고 망고 먹는 여기가 천국이지 뭐. 여기 안 왔으면 망고 천국은 못 보고 지나갔을 뻔했잖아. 나미비아는 다음에 갈 기회 있겠지. 스트레스받으러 여행 온 건 아니니까.

나미비아 대신, 잠비아 '빅토리아 폭포'로 갔다. 슬쩍 들어도 식민시대의 유산 같은 이름, 빅토리아 폴. 원래 원주민들은 이 폭포를 포효하는 연기라는 뜻으로 '모시-오아-투니아'라고 불렀단다. 세계 3대 폭포 중 하나로 이것만을 위해 찾아오기도 한다니, 가볼 만할 것 같다. 건기라 그 명성에 비해 관광객은 적었다.

'원숭이 조심'

입구부터 원숭이를 주의하라는 문구가 곳곳에 붙었다. 이번 여행에서 몇 번 원숭이와 만나본 결과, 작다고 무시할 녀석들은 아니었다. 재빠르고 영악했다. 주의해야겠다고 생각했다. 폭포를 만나기 위해서는 꽤 걸어야 했다. 그 길은 포장도로로 시작해서 산길로 끝났다. 산길 역시 '공원'이라고 보기에는 꽤 가파르고 무성했다. 하지만 가는 길에는, 내려가기 급급해 주변을 유심히 살피지 않았다.

빅토리아 폭포. 절벽 따라 폭포가 병풍처럼 펼쳐졌다. 떨어지면 뼈는 못 추릴 만한 높이다. 낙차가 100m도 넘어 보였다. 건기라 전체적으로 물이 쏟아지진 않았고, 절벽의 낮은 틈새로 물이 떨어졌다. 고원 따라 흐르던 물이 검은 절벽 만나 수직으로 쏟아진다. 처음에 한 줄기였던 강물은 절벽 돌부리와 만나 두 줄기로, 다시 네 줄기로 갈린다. 한 덩어리였던 물은 내려갈수록 구름만큼 부풀었다가, 다시 강과 만나며 한 덩어리가 된다. 어쩜 이름도 그렇게 잘 지었는지. '포효하는 연기'라는 비유가 딱 맞다. 끊임없이 생성되는 물방울에 쨍한 햇빛이 갈라졌다. 절벽 아래로 운동장만큼 큰 무지개도 떴다. 하늘에 뜬 무지개만 보다, 발아래에 뜬 무지개를 보니 새롭다. 우기가 되면 산만큼 큰 이 절벽 전체에서 물이 쏟아지겠지. 그때의 '모시-오아-투니아'는 얼마나 대단할지 안보고는 상상하기 어렵다.

"쏴 아아아아아-"

물과 암벽이 만나는 소리, 물과 물끼리 만나는 소리 때문에 귀가 먹먹하다. 망설임 없이 쏟아지다가 돌부리에 매번 갈라지는 모습. 무한 재생되는 프랙털을 보는 것 같다. 몇 분째 보고 있지만, 끊김 없는 자연의 에너지에 지루하지가 않았다. 그 에너지 앞에서 내가 할 수 있는 일은 넋 놓고 바라보는 것뿐. 세상 구경할수록 내 존재가 티끌만 하게 느껴졌다.

'사는 동안 즐기고 미친 듯이 사랑하기. 돌아오지 않을 인생 한 번, 후회 없이 살기.'

중국 작가 루쉰 역시 '희망이나 절망이나 본디 허망한 것. 우리는 그사이를 헤집으며 터벅터벅 앞으로 나아갈 밖엔. 오직 갈 뿐.'이라고 했다. 뜻하지 않게 지구에 태어나 한 백 년 살고 사라지는 존재로서, 가치 챙기며 살아갈 방향을 잠시간 생각해 보는 시간이었다. 건기라 관광객이 별로 없었다. 전망대를 독차지했다. 이 시기에 찾아온 것도 나쁘지는 않았다.

내려온 길 거슬러 돌아갈 시간이다. 내려올 땐 마음이 급해 살피지 못했는데, 숲이 꽤 울창하다. 산 따라 트레킹하는 느낌이다. 원숭이 녀석만 경계하며 산을 타는 중, 멀리 시커먼 덩어리들이 보였다. 바위만큼 육중한 무언가다. 등산로를 가로막았다.

'침팬지?'

원숭이와는 차원이 다른 존재감. 태어나서 처음 보는 야생 침팬지를 지금, 여기서 만날 줄이야. 몇십 미터 떨어져서 봐도 녀석들의 육중함이 와 닿는다. 순간 눈도 깜빡일 수 없었다. 손이 덜덜 떨렸다.

'어떻게 침팬지가 사람 다니는 길에 나다니는 거냐! 입장료 냈는데 관리는 왜 안 하냐!'

녀석들도 갑작스레 사람이 튀어나와 어이없는 눈치다. 여러개의 검은 눈동자가 날카롭게 이쪽을 주시한다. 침팬지는 지능이 꽤 높다고 했다. 침팬지와 눈 마주치는 순간 느꼈다. 근거 없는 소리는 아니다. 까불까불거리는 원숭이와 달리 눈빛이 사람의 그것 같다.

'진짜 너희들에게는 관심이 없으며 조용히 사라질 테니 제발 지나가게 해줘라. 제발 제발.'

간절한 눈빛을 보냈다. 섣불리 움직일 수도 없다. 그 자리에 굳어서 속으로만 빌었다. 북슬북슬한 털 덮어쓴 집채만 한 짐승과 싸워서는 진심으로 질 자신밖에 없다.

'셀카봉을 휘둘러 위협해 볼까?'

순간 상상도 해 보았지만, 단단한 셀카봉이고 뭐고 저 근육 앞에서는 어림도 없게 느껴진다. 무리에서 가장 큰 침팬지 한 마리가 내 움직임을 단단히 주시했다. 움직이는대로 고개가 따라왔다. 이제는 미동도 할 수가 없다. 그저 눈빛으로 빌었다.

'제발 살려줘……'

혼나는 강아지처럼 잔뜩 눈썹을 끌어내리고 불쌍한 표정을 보냈다. 앞으로 갈 수도 그렇다고 돌아갈 길도 없는 산속. 팔다리는 계속 떨리고 주먹 쥔 손은 땀으로 흥건하다.

'집에⋯. 가고 싶다⋯⋯. 살아서!'

얼마나 한참을 멀리서 눈빛으로만 빌었을까. 별안간 침팬지 가족이 길 위에서 움직였다. 간절한 눈빛이 통한 걸까? 평화로운 오후를 방해하는 훼방꾼, 얼른 보내고 싶었을지도 모르겠다. 녀석들의 속내는 알 수 없지만 이날 죽을 뻔했다는 사실은 분명하다. 소리도 없이 자기들끼리 무슨 대화를 나눴는지. 새끼 침팬지까지 숲속으로 사라졌다. 다리에 힘이 풀렸지만, 일단 산 탈출이 우선이다. 다른 생각 할 여유도 없이 걷고 또 걸어 안전한 곳으로 나왔다.

자연 구경하고자 찾아 들어간 아프리카. 그중에서도 사람 없는 비수기라서 일어났던 일이다. 마음 같아선 야생으로라도 뛰어 들어가 자연과 하나 되어 지내고 싶지만. 그건 내셔널 지오그래픽 팀에게나 가능한 일이었다. 자연 속을 혼자 들어가는 것은 생명의 위협이 느껴질 만큼 위험한 일이기도 했다. 아프리카의 수많은 국립공원이 개별입장이 불가한 이유이기도 하다.

원숭이를 마주쳤을 때, 나무 막대 주워 휘휘 쫓아내면 그만이었다. 그저 과일이나 털리는 정도였다. 큰 야생동물을 예고 없이 마주쳤을 때는 달랐다. 침팬지 대장의 싸늘한 눈빛. 내가 할 수 있는 거라곤 불쌍한 눈빛을 보내며 기도하기 뿐.

'침팬지에게도 고등지능이 있을까?'

침팬지와 눈을 마주쳐 본다면 답을 말할 수 있게 될 것이다. '제발 살려줘라'는 내 마음 읽어냈는지, 그저 귀찮아서 옮겼는지는 알 수 없다. 어쨌든 야생 침팬지를 만나고도 운 좋게 멀쩡히 살아왔다.

호랑이에게 잡혀가도 정신만 차리면 산다. 목숨 바칠 뻔 한 교훈 얻고 온 날이다. 호랑이 말고 침팬지에게 잡혀갈 뻔해도 정신만 차리면 산다.

시골보다는 도시가 좋았다. 집도, 물건도, 음식도 더러운 것은 만지기 싫고 뭐든 깨끗한 편이 좋다. 하나를 먹어야 한다면 맛있는 것이 좋겠다. 특히 비위는 좀 약한 편이라 벌레가 세상에서 제일 싫다. 그런데, 아프리카에서 보낸 시간 가운데 제일 행복했던 순간을 꼽으라면 '오카방고 델타에서의 하룻밤' 이 생각난다.

수백만 년 전, 아프리카 대륙에 지각 변동이 일어났다. 땅이 솟아오르며 흐르던 강물이 갇혀 내륙습지가 생겼다. 이름도 귀여운 '오카방고 델타'는 그렇게 생겨난 습지다. 세렝게티 달리며 야생동물을 실컷 구경했다더니. 왜 또 동물 구경하는 투어를 갔대? 세렝게티 사는 동물과는 다른 종을 만날 수 있을 거라고 했다. 정작 오카방고 델타에서, 동물 구경보다 더 값진 경험을 했다.

짧다면 짧고 길다면 긴, 1박 2일 동안 습지 안에서 캠핑하는 투어다. 그 안에는 자연 보호 위해 야영장은커녕, 씻을 만한 수도 시설조차 없다. 다른 건 몰라도 마실 물이 떨어지면 불안하니까. 떠나기 전날 2L짜리 생수 세 개를 사 뒀다. 씻고 싶으면 습지 물로 씻어야 하고, 요리는 가져온 물로 최소한만 만들어 먹는다고 했다. 경험해 본 적 없는 '리얼 야생'이 약간은 걱정되었다.

아무것도 없는 원시 습지 속으로 출발하는 시간. 생태계 보호를 위해서 (어쩌면 그냥 가난해서일 지도 모르겠다) 모터보트 대신 통나무 속을 파 만든 '모로코'라는 배를 탔다. 배는 딱 세 명 탈 크기다. 관광객 두 명이 앞에 앉고 뱃사

공은 맨 뒤에 섰다. 뱃사공이 긴 장대로 바닥을 밀자 배가 나아가기 시작했다. 작은 통나무 배에 성인 세 명과 물병까지 실으니, 배가 강물 속으로 쑥 가라앉는다. 고개 돌리면 강물이 바로 허리 높이에서 찰랑거릴 정도였다. 까딱하다 간 배가 뒤집힐 듯 아슬아슬하지만 베테랑 뱃사공은 안전하게 배를 민다. 안정적이고 빠른 손길이다. 습지에는 사람 키 훌쩍 넘게 자란 갈대가 무성하다. 앞선 여행객 덕분에 갈대는 이미 벌려져 물길이 드러났다. 모로코 두 대가 지나갈 너비였다. 갈대 수풀을 지나자 연꽃 지대가 나왔다. 필락 말락 한 연꽃과 얼굴보다 큰 연꽃잎이 많다.

'뾰로로-뽕뽕, 뵹뵹뵹뵹, 뵤료롱'

어디선가 작고 귀여운 소리가 들렸다. 야생에서 어디 이렇게 귀여운 소리가 나지? 습지 물이 모로코 뱃머리에 갈리며 나는 소리였다. 늪지 안에 사는 동물은 아무 소리도 내지 않았다. 오직 부드럽게 물 가르는 소리만이 귓가에 감겼다.

'쓰라락- 쓰라락. 뾰로롱. 포로로로'

한 번도 귀 기울여 본 적 없는 '물 쪼개지는 소리' 들으며 주변 구경하는 시간. 나른한 소리에 심장박동까지 정돈되는 느낌이다.

이 투어는 호화롭거나 매 순간이 즐겁지는 않다. 솔직히 말해서 '진짜 별거 없다'. 습지 건너 하룻밤 묵을 섬에 도착했다. 각자 숙소도 지어야 한다. 빌려온 텐트를 평평하고 마른자리 찾아 쳤다. 나는 캠핑간답시고 텐트라도 빌려왔는데, 숙소라고 지은 꼴이 다 제각각이다. 어떤 서양인은 원터치 모기장 하나 던지고 맨바닥에 벌러덩 누웠다. 각자의 방에 누워 잠시 열기를 식혔다.

때가 되면 밥은 준다. 메뉴는 특별할 것 없는 한 그릇 음식이다. 스파게티 면 삶아내 통조림 캔에 든 토마토소스를 한 국자씩 얹어 주는 것이 전부다. 허기져 그 요리도 맛나게 느껴졌다. 정해진 시간이 되면 가이드를 따라 초원으로 나간다. 동물 흔적을 찾아 걷는 시간이다. '워킹 투어'라고 불렀다. 세렝게티에서 넓은 초원 차로 자유롭게 누볐다면, 오카방고 델타에서는 텐트 근처 정도를 걸어서 구경했다. 운 좋으면 동물을 볼 수도 있고 그렇지 않다면 동물 흔적만 보고 갈 수도 있댔다. 처음으로 땅 위로 노출된 개미집을 봤다. 성인 키보다 더 큰 흰개미 소굴이었다. 깨알만 한 개미가 몇 번이나 진흙 알갱이를 물어와야 이만큼을 쌓아 올렸을까 싶었다. 땅 밖으로 이만큼 긴데 땅속으로는 얼마나 더 깊을지 상상이 잘 안 됐다. 개미 계의 63빌딩은 구경했는데, 동물들은 보이지 않았다. 가이드가 코끼리 똥을 발견했다고 불러모은다.

"방금 이곳을 지나간 것 같아."

갓 싼 똥이라 따듯하다며 손으로 반 갈라 초록 똥 내부를 보여줬다. 풀만 먹더니 똥도 지푸라기를 뭉쳐놓은 것 같다. 여기도 코끼리가 살긴 사는구나? 똥으로 추측할 뿐 코끼리를 만나지는 못했다.

다른 사람이 신기한 물건을 발견했다며 싱글벙글하며 뭔가를 가지고 왔다.

"이게 뭐지?"

"나뭇가지인가?"

"그건 아닌 것 같아. 양 끝이 뾰족하잖아."

"겉이 매끈한데? 펜촉 같기도 하고."

과연 처음 보는 막대기였다. 길이가 30cm도 넘고 양 끝은 일부러 깎은 연필만큼 뾰족했다. 흰색과 검은색이 번갈아 새겨진 반짝이는 뾰족 막대. 자연에서 온 것 같지는 않다. 외지인 다섯 명이 막대 정체를 두고 토론을 벌였다. 한참 팔짱끼고 흐뭇하게 보던 가이드가 마침내 정답을 알려줬다.

"고슴도치 가시야."

"고슴도치? 고슴도치 가시 하나가 이만큼 길다고?"

"와우! 고슴도치는 그럼 얼마나 큰 거야!"

동물은 한 마리도 보여주지 못해, 가이드 마음이 조급해졌나 보다. 우리를 습지까지 데리고 갔다. 물가와 멀지 않은 곳에 바로 하마가 보였다. 아마 가이드가 외워둔 하마 출몰장소가 아닐까 싶다. 하마 다섯 마리가 눈과 귀만 내놓고 동태를 살피는 중이다. 물에 젖은 초콜릿 빛깔 피부가 매력적이었다. 눈과 귀만 내어놓으니 개구리 같은 게, 귀엽기도 하고. 라고 생각하는 와중에, 한 마리가 입을 쩍 벌렸다. 입이 제 몸통만큼 쫙 벌어졌다. 저 턱 힘으로 사람 하나 씹어 먹는 건 일도 아니겠는데. 귀엽다는 말은 취소해야겠다. 하마는 성격이 급하고 흉포해서 절대 가까이 가면 안 된다고 했다.

텐트로 돌아왔다. 전기도 가스도 없다. 해지면 모닥불 하나 피워 조명과 식사를 동시에 해결했다. 가이드가 모닥불을 피우더니, 얼마나 오래 썼는지 다 타버린 그릴을 하나 올렸다. 감자와 당근을 그 위에 척척 던진다. 오늘 저녁 메뉴는 채소 구이라고 했다. 껍도 싸지 않은 감자와 당근을 숯불에 그대로 굽는다. 껍질째 검댕 가득한 감자 두 덩이와 당근 한 조각이 내 몫이었다. 손으로 껍질 벗기고 그래도 남은 검댕은 후후 불어냈다. 포크도 접시도 없다. 죽은 나무에 둘러앉아 먹는데, 맞은 편을 보니 웃음이 났다. 덩치 커다란 유럽 남정네들도 감자 한 알을 앞니로 토끼같이 갉아 먹는 중이다.

해지면 텐트로 돌아가 잠든다. 동뜰 때쯤 다시 한번 워킹 투어를 떠날 예정이다. 세렝게티에서도 제대로 동물 보여주는 날에는 새벽에 출발하더니.

"오늘은 다를 거야!"

가이드가 호언장담을 했다. 얼마 걷지 않아 진짜로 얼룩말을 만났다. 세렝게티에서 차 타고 동물 만나던 때와 느낌이 다르다. 그들의 터전을 좀 더 '공손하게' 방문한 기분이다.

다시 육지로 돌아갈 시간. 다른 차원에서 속세로 돌아가는 것 같다. 이번엔 우리 배가 선두에 섰다. 잔잔한 늪지로 들어서니 호수가 하늘을 그대로 반사한다. 우리 배, 모로코가 파란 유리 거울을 가르고 나아간다.

'뾰로로롱-' 언제 들어도 신비롭고 매력적인 소리. 다시 오지 않은 이 순간, 눈 감고 물 가르는 소리와 바람에만 집중했다. 풍경에서 소리와 바람으로. 소리와 바람에서 나로 관심이 옮겨왔다. 이 순간, 지금 이곳에 내가 있다는 사실만 중요하게 느껴졌다.

가이드가 연꽃 목걸이를 선물했다. 새끼손가락만큼 두꺼운 연꽃 줄기를 이리저리 묶주 알처럼 가르더니 꽃을 팬던트로 한 목걸이를 뚝딱 만들어 냈다. 연꽃 목걸이 목에 걸고 모로코 불편한 좌석에 앉아 물비린내 나지만 부드러운 바람을 맞는 지금. 나는 세상에서 제일 행복한 사람이다. 걱정도 잡념도 파고 들 틈이 없다. 오카방고 델타를 만끽하기도 벅차니까.

번잡하지만 다양한 도시를 좋아했다. 사람 사는 모습은 그게 당연하다고 여겼고 그 속에서 자리 잡으려 노력했다. 내 마음을 진정 봉긋하게 채우는 시간은 다른 곳에 있었다. '진짜 아무것도 없는' 투어. 오카방고 델타 투어에서 닳고 닳은 마음이 슝— 차오르는 걸 느꼈다. 먹고 걷고 동물 흔적 찾고 별 보다가 자는 시간, 이런 단순함이 얼마나 필요했는지. 단조로운 시간, 그 자체가 얼마나 위로가 되는지 모른다. 더 높은 것만 쫓았지만, 행복은 내 안에 있다는 사실을, 뾰로로롱 소리만 들리는 모로코 안에서 느꼈다.

제4장

이번엔 남미야

러시아에서 시작한 두 번째 여행은 남아프리카 공화국에서 끝났다. 6개월, 집 떠난 시간 동안 외로운 순간도 있었고 이 순간이 다시 올 수 있을까 싶게 행복한 때도 있었다. 낯선 대륙을 밟고 무사히 돌아온 것도 자랑스러웠지만, 더 큰 수확도 있었다. 스스로와 끊임없이 이야기 나누며 좋아하는 것, 하고 싶은 것을 찾았다. 돌아와서 다시 학교 다녔지만, 예전만큼 삶이 불만족스럽지는 않았다. '먹고 사는 문제'가 심각한 문제인 사람도 만나고 왔기에 '먹고 살만한 일상'이 감사했다. 우여곡절 겪었지만, 몸 다친 곳 없이 추억만 가득 채워 돌아왔다. '나도 꽤 능력 있고 쓸모 있는 인간'이라고 나 자신을 평가하게 되었다. 얼마 동안을 떠나있든 늘 기다리고 반겨주는 가족. 그들과 함께하는 시간도 편안하고 만족스러웠다.

인생이 원하는 대로만 이뤄지지는 않았다. 짧은 인생이었지만 단락마다 늘 나름 심각한 고민이 존재했다. 모든 문제가 완벽하게 해결되지만은 않는다. 풀리지 않는 문제 혹은 찜찜한 결과 때문에 고민이 깊었다. 여행하는 동안, 현실 문제와는 강제로 거리를 두게 되었다. 조금 성장한 채 돌아와 그 문제를 다시 바라봤다. 지독한 패배감과 무력감만 안겨줬던 그 문제들은 새로 보니 별 것도 아니었다.

'사는 게 퍽 나쁘지만은 않구나. 이 정도면 잘 살아왔고 앞으로도 잘 살 수 있겠다.'

마음처럼 되지 못했던 부분도 많지만, 열심히 살아온 측면을 칭찬하고 싶었다.

유럽, 아프리카를 돌아봤다. 재미있는 만화책 3편이 기다리고 있다. 남미도 가보고 싶다. 라티노의 땅에서 내게 부족한 열정을 배워오고 싶다. 몇 개월씩 일도 않고 여행만 하고 왔다고 말하면 다들 '금수저' 아니냐고 묻는다. 내가 다니는 방식으로 여행하면 돈이 많이 들지 않는다. 관광, 휴양을 위한 일정이 아니라, 낯선 환경을 계속 겪으며 나에 대해 알아보는 시도라서 그렇다. 여행은 그 수단일 뿐이다.

대학 졸업 후 편도 비행기 티켓만 가지고 멕시코로 갔다.

'멕시코로 들어가 중미로 내려가며 남미를 돌고 나온다.'

계획은 이 정도가 전부였다. 이번에는 진짜로 내 취향으로 가득 찬 여행을 해보리라. 도시가 좋으면 더 묵고, 힘들면 쉬고, 배고프면 먹고, 피곤하면 자야겠다. 월요일부터 금요일까지 일하고 주말은 쉬듯이, 여행길에서도 일주일에 하루는 쉬자. 쉼이 있어야 새로운 풍경이 더 멋지게 느껴지니까.

멕시코 '산 크리스토발 데 라스 카사스'에 갔을 때다. 도시 가장 중심, 명당자리에는 여행자 거리가 있다. 산 크리스토발의 평온한 분위기에 매료돼 오래 머무르는 여행자가 많다. 서양 여행자들이 카페 밖 테라스에서 맥주 마시는 중이다. 맥주 한 모금에 담배 한 입. 여유롭기 그지없다. 그 옆으로 10살쯤 돼 보이는 꾀죄죄한 원주민 아이가 다가왔다. 껌, 휴지 같은 잡동사니를 소쿠리에 담아와 팔려고 한다.

'동네 주인이 바뀐 거 아닌가?'

학교 가서 한참 배우고 집에서 사랑받아야 할 아이. 생계를 위해 거리를 배회하며 껌을 판다. 여행자는 그런 아이 따위 귀찮게 여기며 한가로운 오후를 보낸다. 무엇인가 잘못되어도 단단히 잘못되었다. 이 나이에 가족 생계 걱정 없이 여행한답시고 놀며 외국 나와 있어도 되는 것, 대포 렌즈는 없지만 미러리스 카메라가 있는 것, 2G 휴대전화가 아닌 스마트폰을 당연하게 쓰고 있는 것, 아프면 현지 병원에서 눈탱이 맞을망정 돈 내고 금방 치료받을 수 있는 것. 적당한 나라, 적당한 환경에서 태어난 것만 해도 지구촌 상위 10% 안에 속할 듯 했다.

쿠바 '트리니다드'에서는 한 '까사'에 묵었다. '까사'란 스페인어로 집이란 뜻이다. 호텔이 부족한 쿠바만의 독특한 숙박 시설 이름이기도 하다. 관광객은 늘고 호텔은 부족하자, 가정집을 개조해 허가만 받으면 숙박 시설로 운영할 수 있게 했다. 시멘트 바닥에 낡은 싱크대. 페인트 칠한 벽과 낡은 가구. 내 눈엔 솔직히 가난해 보이는데 웃음 가득한 집이었다. 하루는 그 집 아들 '뻬드로' 생일파티에 초대되었다.

'나도 가도 되나…?'

소심한 외지인이 망설이는 줄을 알고, 가족들이 전날 아침부터 신신당부한다.

"내일 우리 손자 생일파티 하는 데 올 거지? 와야 해, 꼭!"

우리나라같이 집이나 식당에서 하는 생일파티가 아니었다. 다 같이 버스 타고 해변으로 갔다. 미국에서 폐기한 스쿨버스가 이 나라에서는 관광버스가 된다. 뻬드로와 한집 사는 가족, 근처 사는 이모네, 뻬드로 친구들. 초대받은 모두가 관광버스에 올라탔다. 그 집에 묵는 여행객도 물론이다. 그 큰 스쿨버스가 앉을 자리조차 없다. 앉은 사람 반, 선 사람 반으로 채워진 버스는 해변으로 달린다. 귀 터지게 튼 라틴 음악이 내적 흥분을 유발한다. 가는 길부터 술판이다. 관광객들이 주로 가는 앙꼰 해변 아닌 이름 모를 해변에 도착했다. 카리브해의 모든 바다는 정말 대단하다. 터키쉬 앙고라 고양이의 눈만큼 파랗고 투

명한 바닷물이었다. 맑은 바다 마주하는 순간 탄성이 터졌다.

　4절지 크기만큼 커다란 케이크를 만들어왔다. 90년대 제과점에서나 보던 버터크림 케이크다. 초를 꽂고 노래를 불렀다. 다행히 생일축하 노래는 만국 공통의 멜로디였다. 스페인어는 모르니까 허밍으로라도 따라 불렀다. 노래 끝나기 무섭게 뻬드로 친구가 주인공 볼에 크림을 묻혀버린다. 할머니, 엄마도 가세하더니, 결국 모두가 크림을 바르고 발렸다. 마지막 맥주 한 모금 끝내면, 뻬드로 친구가 곧장 술 아이스박스에서 새 맥주 따서 손에 쥐여줬다. 그 집 아이들, 다른 여행자들과 파랗고 얕은 카리브 해변으로 뛰어들었다.

　진이 빠질 때까지 물놀이를 즐기고 해변 벤치에 누워 쉬는 찰나, 뻬드로 할머니가 다가왔다.
　"배고프지?"
　전 세계 할머니는 다 똑같나 봐. 할머니가 접시에 밥과 반찬을 산처럼 푼다.

"빨리 먹고 더 먹어!"

할머니가 퍼준 콩밥과 반찬으로 허기를 채웠다. 맥주 기운에 낮잠도 한숨 잤다. 절대 비즈니스 차원일 수 없는 환대와 베풂. 짧은 인연도 소중히 여기며 가족으로 받아들여지는 느낌. 뻬드로 생일파티는 그래서, 잊지 못할 추억이 되었다.

주어진 환경 개선하려 노력하며, 서로 아끼고 사랑하는 뻬드로네 가족. 그들과 함께하며 '사는 것이 무엇일까?' 생각하지 않을 수 없었다.

'돈을 많이 벌어야 행복하다고 하는데, 평생 돈만 벌다 죽으면 언제 행복하지? 쟤네는 별로 돈 없어 보이는데도 왜 맨날 즐겁지?'

두 번째 아프리카 여행에서 내 그릇 발견하고 빚어봤다면, 세 번째 남미 여행은 그 그릇을 한층 단단한 도자기로 구워내는 시간이었다.

남미 여행 첫 나라는 멕시코였다. 멕시코 하면 '갱, 마약, 살인'이 먼저 떠오른다. 그 강렬한 이미지 때문에 선뜻 여행할 각오가 드는 나라는 아니었다. 만약 멕시코를 샅샅이 둘러본다면, 생각이 달라질지도 모른다. '정(情)'의 민족인 우리와 마음 울리는 속도가 맞는 곳이다. 사람들은 살갑고, 욕심이 없다. 온화한 기후와 풍부한 먹거리가 여행자 마음을 풍족하게 채워준다. '갱, 마약, 살인'의 나라에서 '미소, 타코, 열정'의 나라로. 멕시코 이미지를 새로 새기고 돌아왔다.

아직 멕시코가 낯설던 도착 이틀째였다. 용설란과 선인장이 가로수로 심겨 있는 멕시코시티. 영 적응되지 않았다. 알아듣지 못할 스페인어의 대륙. 갱에게 눈뜨고 코 베일라, 잔뜩 긴장한 채 거리를 걸었다. 숙소는 멕시코시티 한가운데인 '쏘깔로 광장' 근처에 구했다. 어디든 접근하기 좋은 위치라 여행자에게 적합한 위치다. 광장과 국립박물관을 구경하고 점심 먹기 위해 식당을 찾아 어슬렁거렸다. 어제부터 눈에 띄던 타코 가게가 보였다.

'타코 3개 18페소'

가게 외부에 큼지막한 광고판이 붙었다. 타코 세 개에 우리 돈 1000원 정도. 점심시간이 되니 현지인들도 줄 서서 기다린다. 회사 밀집 지역 제육볶음, 돈가스 맛집 정도 되려나. 안 가볼 이유가 없다. 영어도 못 하지만, 스페인어는 더 모른다. '10까지 숫자, ~를 주세요, 감사합니다, 안녕하세요, 한국 사람입니다, 예쁘다, 빨리, 느리게' 같은 생존 용어만 외워갔다. 영어 통하지 않을 현지 식당에서의 첫 주문. 우선 계산하고 그릇 받아 안쪽에서 음식을 주는 시스템이다.

"타코. 뜨레스. 포르빠보르. (타코 세 개 주세요)"

아는 대로 조합한 단어 세 개를 내뱉었다. 다행히 점원은 알아들은 것 같다만, 내게 돌아온 스페인어 대답은 하나도 이해하지 못했다. 타코 담아주는 아주머니가 다시 묻는다.

"빠빠? 까르네?"

아하, 이 말이구나!

"노 빠빠! 또도 까르네 뽀르빠보르! (감자 싫어요! 전부 고기 주세요!)"

타코처럼 볼이 빵실한 아주머니가 이제 알아들었다는 듯 고개를 끄덕인다. 다른 종류 고기 타코 6개를 골고루 내 접시에 올려줬다.

점심시간이라 테이블은 만석이다. 벽에 길게 설치된 혼밥 좌석만 남았다. 현지 와서 맛보는 멕시코 타코. 주문도 야무지게 해냈구먼. 뿌듯한 마음에 타코를 한 손에 들고 셀카 찍고 있었다. 카메라 화면 속으로 V자 손가락이 쑥 들어온다. 뭐야? 옆자리에 앉은 소년이었다.

"같이 사진 찍을래?"

라고 물어보고 싶었다.

"뚜 뽀또? (너 사진?)"

라고 말할 수밖에 없었다. 소년이 대충 알아들었는지 고개를 끄덕인다.

에두아르, 19살 학생이다. 여자친구와 함께 점심 먹으러 왔나 보다. 나란히 앉은 긴 머리 여자친구가 내 눈엔 참 예뻤다.

"에르모사. (예쁘다)"

여자친구에게 아는 한 마디를 건넸다. 여자친구 얼굴이 빨개졌다. 그들은 영

어가 짧고, 나는 스페인어가 짧았다. '어디서 왔는지, 멕시코는 어떤지, 타코는 맛있는지.' 내가 알아들을 때까지 천천히 물어본다. 외국인이 도저히 내가 못 알아들으면, 두 친구가 머리 맞대고 영어 단어를 생각해 냈다. '마초, 갱단' 같은 미디어 속 이미지 때문에 멕시코 사람이라면 다 화통한 줄 알았다. 수줍음 많고 외국인에게 궁금한 것도 많은 친구를 만났다.

멕시코의 '와하카'에 갔을 때다. 와하카는 해발고도가 높아 커피와 카카오가 잘 자란다. 선명한 색채를 가진 고풍스러운 도시 자체도 좋았지만, 이제는 그 곳 관광 명소보다 만났던 아저씨 얼굴만이 선명하다. 와하카에는 유명한 '초콜 릿 음료 가게'가 있다. 초코우유라면 내가 그래도 20년 경력직이다. 멕시코 초 코우유도 맛봐야겠다. 날씨가 더웠지만, 처음에는 제대로 즐겨보려고 따듯하 게 주문했다. 도자기 절구에 초콜릿 덩어리 넣고 막대로 빻는다. 빻아진 덩어리에 데운 우유 붓고 그대로 손으로 한참 저어 완전히 녹인다. 흔히 먹던 초코우유, 코코아와 달리 많이 달지 않고 부드러운 맛이었다. 가게에서 카카오 열매 가공 과정도 구경할 수 있다. 카카오 나지 않는 나라에서 온 내게, 작은 초콜릿 가게는 찰리의 초콜릿 공장만큼 흥미로웠다.

와하카에 묵는 동안, 거의 매일 그 초콜릿 가게에 들렀다. 두 번째 방문부터는 '아이스 초콜릿'을 시켰다. 나 같은 시간 많은 여행자나 올 법한 한낮. 가게에는 빈자리가 많았다. 갑자기 사연 많게 생긴 멕시코 남자가 들어왔다. 미간에는 깊은 주름이 팼다. 수염은 흰털과 검은 털이 반반씩 섞인 채 꽤 오래간 깎지 않은 듯 마구잡이로 자라있었다. 아저씨라기에는 나이 많아 보이고, 할아버지라기에는 섭섭해할 나이 정도였다. 아저씨가 굳이 내 옆에 딱 한 자리 비우고 앉는다.

'빈자리도 많은데 왜 내 옆에 앉아? 이상한 사람 아니야……?'

긴장도 잠시. 내가 음료 사진 찍는 걸 보더니 뜬금없이 자기도 휴대전화를 꺼낸다. 같이 사진 찍을 수 있냐고 묻는다. 두툼한 배 보니 이 카페 단골 아저씨란 사실 때쯤은 안 봐도 비디오. 단골 카페에 동양인 여자 앉아있는 모습이 신기했나 보다. 가는 게 있으면 오는 것도 있어야지.

"그럼, 내 핸드폰으로도 찍어요."

내 카메라로도 아저씨와 사진 찍었다. 주름 가득한 할아버지 같은 아저씨가 초코우유를 맛있게 빨아 먹는다. 얼굴과 매치가 안 됐다. 달콤한 초콜릿 음료는 남녀노소 힐링이 되는 모양이다.

"맛있어? 맛있지?"

나한테도 계속 물어본다. 그리고선 멕시코인 단골 질문이 이어진다.

"멕시코 이때?"

멕시코 교과서에 나온 외국인 만나면 물어야 할 질문 1번인가? 외국인이 "How are you?" 물으면 한국인은 "I am fine and you?" 튀어나오는 것처럼. 멕시코 어떠냐는 질문을 만나는 멕시코인마다 물어왔다.

"너무 예쁘고 좋아!"

느낀 바를 진심으로 대답했다. 아저씨도 미간 주름 대신 눈가를 구기며 웃는다. 혼자 왔냐, 대단하다 같은 칭찬이 밀려들었다. 멕시코 사람과 나눈 대화에서는 언제나 긍정적인 힘을 얻었다.

점점 멕시코 사람에게 마음이 열렸다. 가볍게 '친구'라는 표현을 남발하는 건 정말 싫다. 멕시코 사람 앞에서는 장사가 없다. 타고난 긍정에너지 덕에 만나면 쉽게 친구가 되었다. 말이 안 통하면 같이 걸어서 길을 알려줬다. 뭐든 서두르지 않는 이들과 이야기 나누면 기분이 나아졌다. 인생, 낭비할 수 없이 살아온 내게는 이 사람들의 사고방식이 엉뚱하고 신선했다. 멕시코 경제와 치안이 막장인 것은 사실이다. 멕시코시티에서 큰 대로변 금은방이 실시간으로 털리는, 경찰이 와도 잡지 못하는 장면도 봤다. 그럼에도, 어쩔 수 없이 그런 환경에서 살아야 하는 사람들이라도. 항상 위트를 잃지 않는 여유가 부러웠다. 만나면 처음 보는 사람에게도 반갑게 인사를 건넨다. '멕시코는 어때'라고 어김없이 물어봤다.

이유 없는 호의는 없다고 배웠고 다가오는 사람은 일단 경계했다. 여기서 보니, 이유 없는 친절도 세상에 있긴 하더라. 조금 마음을 열고, 새 사람 받아들이는 자세를 배웠다. '나부터 잘살고 보자. 나만 잘살면 된다'고 생각했었다.

'다른 사람을 향한 대가 없는 호의'

멕시코에서 세상에 이바지할 수 있는, 실천할 수 있는 것 중 가장 쉬운 방법을 배웠다. 근데, 생각과 행동을 바꾸니 오히려 내가 더 행복해졌다. 비틀어 바라보지 않고 있는 그대로 받아들이기. 대가를 바라지 않고 가끔은 선행도 베풀기. 그건 의외로 다른 사람을 돕는 것과 동시에, 내가 끝없는 불행에서 벗어나는 첫걸음이었다.

3. 부서지는 낙원

모든 건 변한다. 우리가 본능적으로 더 나은 삶을 추구하듯, 도시도 더 나은 방향으로 발전하려 한다. 지극히 자연스러운 일이지만 '여기만은 변하지 않았으면' 하고 이기적인 마음이 드는 곳이 있다. 여행자들은 지금이 쿠바 '막차'라고 입 모아 말했다. 경제 개방이 시작된 뒤 쿠바도 하루 다르게 과거 모습을 잃고 있다며, 하루라도 빨리 가 봐야 한댔다.

쿠바에는 2가지 종류 화폐가 통용된다. 외국인이 주로 사용하는 CUC(쿡, 쎄우쎄)는 현지인이 주로 사용하는 MN(모네다) 가치의 25배다. 아바나 시내 카페는 커피 한잔에 여행자에게 1쿡을, 현지인에게 1모네다를 받았다. 사소한 부분부터 쿠바 사람들의 인식 변화 시작된 것이 느껴졌다.

그런데도 '낭만'을 다른 말로 표현하자면 '쿠바'라고 말하고 싶다. 솔직히, 객관적인 쿠바 여행 환경은 열악하기 짝이 없다. 여전히 물자 공급이 원활하지 못하다. 랍스터를 제외하면 특별히 맛있는 음식도 없다. 인터넷 쓰려면 전용 카드 사서 와이파이 공원을 따로 찾아가야 한다. 여기까지 와서 굳이 핸드폰 붙잡고 그 공원에 앉아있을 이유는 없기에. 쿠바에서는 인터넷도 안 된다고 볼 수 있다. 도시 간 버스 예매도 어렵다. 고칠 돈이 없어 건물은 과거 모습 그대로 바래가고 있다. 새 차가 수입되지 않아 50년 전 차를 아직도 고쳐 타고 다닌다. 그 차들이 지금은 '올드카'라 불리며 쿠바 명물로 자리 잡기도 했다. 이런 낡은 아바나 모습에서 나이 든 사람은 과거 향수를 느낀다고 했다. 그 시대를 살아본 적도 없는 나. 쿠바에 갔을 때 영화에서나 보던 50년 전으로 돌아간 기

분이었다. 남미의 모든 나라가 새로웠지만 그중에서도 가장 독특했던 나라를 꼽으라면, 쿠바를 이야기하고 싶다.

　카리브해에 있는 섬나라 쿠바. 주로 미국 마이애미 혹은 멕시코 칸쿤 통해 쿠바로 입국한다. 나는 멕시코 여행 중 칸쿤 통해 쿠바로 향했다. 칸쿤 공항 출국장에서 출국 수속을 마치고 벤치에 앉아 잠시 숨을 돌리고 있었다.
　"헤이, 숫찌!"
　멕시코 호스텔에서 만났던 이탈리아인 살바도르다. 호스텔에서 저녁 한 끼 함께하며 잠시 이야기 나눴던 것이 전부다. 별로 친하지도 않았는데, 살바도르가 한껏 반가운 얼굴로 다가왔다. 여전히 내 이름은 제대로 발음 못 하는구나. 멕시코가 얼마나 넓은데, 이곳에서 이 시간에 다시 마주치다니. 그래, 반갑긴 하다. '살바도르 달리'처럼 기른 콧수염을 베베 꼬며 다니던 살바도르. 넉

살이 얼마나 좋은지. 호스텔 식사 시간이 되면, 제 요리는 하나 없이 여러 사람 저녁을 포크 하나 들고 잘도 얻어먹으며 다녔다. 매사에 장난기 가득한 어린 동생 보는 것 같다. 쿠바는 대중교통이 열악해 택시로 이동할 일도 많다고 했다. 멕시코에서 만난 한국인 언니, 그 언니가 다른 도시에서 만난 사람, 그리고 나. 세 명이 아바나에서 모여 함께 쿠바 여행을 시작하기로 했었다. 그 사실을 전하니, 살바도르도 끼고 싶어 하는 눈치다. 그렇게, 네 명이 함께 쿠바 여행을 시작했다.

공항에서 나와 쿠바 수도이자, 쿠바 낭만의 1번지인 '아바나' 시내로 향했다. 쿠바는 인터넷이 극히 제한적으로 제공된다. 숙소는 '북킹 닷컴이나 호스텔 닷컴'에서 가격, 리뷰 보고 슥슥 정하면 그만이었는데. 쿠바에서 그런 현대적 시스템이 통할 리가 없다. 숙소까지 직접 발품을 팔아 알아봐야 한다. 미리 알아온 숙소는 이미 자리가 없다. 그 숙소 소개로, 겨우 다른 까사에 방을 구했다.

숙소 잡았으니 오늘 할 일은 다 했다.
"우리 커피나 한잔하러 갈까?"
한국어로 말했는데, 눈치만 빠른 살바도르. '커피'라는 말을 알아들었다. 쿠바 입성을 자축하려, 시내 중심 카페를 찾았다. 실내와 바깥 경계가 없이 뻥 뚫린 카페. 살바도르는 에스프레소 한 잔을 주문하더니 설탕 두 수저를 섞는다. 담배와 에스프레소를 번갈아 입에 댄다. 좋아 죽겠다는 표정 보니 저 이상한 녀석도 이탈리아인이 맞기는 한가보다. 밖을 보니 멀끔한 올드카가 로터리를 돌고 있다. 모조리 원색으로 칠했다. 분홍, 초록, 노랑, 파란색으로 칠한 각진 클래식카는 빛바랜 건물과 대비가 되었다. 나중에 알게 된 사실이지만, 저 차는 '껍데기만 올드카'였다. 부품은 고장 나는 대로 갈아치워 오십 년 전 부품은 자체밖에 없다고 했다. 클래식카 뚜껑 열고 아바나 시내를 도는 투어도 많이 한다. 저런 차를 한번 타 보고 싶기도 했지만, 한 시간에 100달러부터 시작되는 흥정. 우리는 깎아 낼 자신이 없어 포기하고 말았다. 웨이터는 커피 한 잔 가격으로 우리에게 1쿡 (1달러 정도)을 청구했다. 현지인이 1모네다를 내는 것을 봤지만 따지지는 않았다. 풍경 값을 생각하면 천원 값은 했다. 쿠바는 여러 명이 함께 와서 득 본 일도 많았다. 아바나는 낮보다 밤이 더 멋지다. 바, 공연장, 술. 밤에 할 일이 더 많다. 혼자 왔다면 치안 걱정으로 그 즐거움을 반도 못 누렸을 것 같다. 든든한 친구 세 명과 함께 화려한 아바나 밤거리를 돌아봤다. 버스 대신 택시 타고 '히론 해변'으로, '트리니다드'로도 갔다. 트리니다드에서 행복에 대해 다시 생각해 보게 만드는 뻬드로네 가족을 만났다.

각자 일정, 가고픈 도시가 달라 친구들과는 트리니다드에서 갈라졌다. 나는 '산티아고 데 쿠바'에 가고 싶었다. 아바나에서 버스로 15시간 넘게 걸리는 쿠바 동쪽 끝 도시. 아바나가 서울이라면 산티아고 데 쿠바는 부산 쯤으로 비유할 수 있겠다. 쿠바 제2의 도시지만, 관광지화 심한 아바나와는 전혀 다른 매력이 있다고 했다. 산티아고 데 쿠바는 음악으로도 유명하다. 많은 쿠바 음악가가 그곳 출신이라고 했다. 혼자서는 버스를 타고 동쪽 끝으로 향했다.

함께하던 친구들, 마지막 친구인 인터넷도 없는 산티아고의 밤. 숙소 안은 지독하게 고요하다. 이 긴 밤에 숙소 방에서 혼자 할 것이 없다. 쿠바 음악 중심지답게 크고 작은 공연하는 바가 많댔다. 까사 주인이 추천해 주는 술집으로 걸어갔다. 아바나의 화려한 공연장과 달리 스무 평 남짓할 가게였다. 가장 무난한 모히토를 한 잔 시켰다. 시간 맞춰 공연이 시작되었다. 기타, 마라카스, 젬베, 첼로 그리고 가수가 한 팀이다. 가수 아저씨는 키가 나만 하고 몸무

게도 나보다 적게 나갈 것같이 가녀렸다. 세상에, 노래 통이 어디에 달렸을까. 카랑카랑한 목소리로 귀에 꽂히는 노래를 부르다가, 애절한 멜로디를 읊조리기도 했다. 악기 연주자들도 점점 흥이 오른다. 춤추면서 악기도 연주할 수 있다는 사실을 이때 알았다. 흔들며 각자 뜯는 네 악기 소리가 합쳐져 다시 춤곡이 된다. 눈빛으로만 몇십 분 동안 이어가는 공연. 얼마나 오래 함께 한 사이일지 짐작하기도 어렵다. 이 동네 사는 아줌마, 아저씨가 슬금슬금 무대로 나왔다. 골반에 기름칠이라도 한 건가. 돌아가는 엉덩이들이 예사롭지 않다. 숨 쉬기같이 춤이 자연스럽다. 이 와중에 의자에 혼자 앉아있자니 머쓱해 다 마신 칵테일만 쪽쪽 빨았다.

내게도 손길이 왔다.

'내가 나가도 되나?'

막춤 추는 건 좋지만, 스텝 밟으며 누군가와 함께 춤춰 본 적은 없다. 초짜가 공연장 분위기를 망칠까 선뜻 나서지 못했다. 척 보면 척인지, 한 아저씨가 내게 스텝부터 알려줬다. 정신없는 박자를 4배로 늘여서 천천히 스텝을 가르쳐 준다. 솔직히 그래도 스텝은 못 외웠다……. 둘러보니 누구도 내게 관심이 없다. 무대 나서기를 망설여지게 하는 건 소심한 내 마음뿐이다. 에라 모르겠다. 화려한 조명도, 거대한 앰프도 없는 동네 술집. 악단 공연에 맞춰 땀이 날 만큼 춤췄다. 누구에게 보여주기 위한 춤이 아닌, 신나서 마음껏 움직이는 몸짓을 했다.

체 게바라가 꿈꾼 쿠바 모습이 어찌 흘러가고 있는지는 잘 모르겠다. 지난 이념보다 그곳에서 다 와 닿은 것은 변화하고 있는 현실이었다. 잘 먹고 잘 살고 싶은 마음은 본능이다. 덥고 습한 날씨지만 피자가게의 청년들은 50모네다(2달러)짜리 피자를 많이 팔기 위해 땀을 바가지로 흘리며 오븐과 사투했다. 클래식카 관광을 영업하며 한탕 노리는 사람도 있었다. 사람 사는 모습은 어디나 비슷했다. 굶어 죽지 않을 만큼 배급해 주긴 하지만, 더 나은 삶을 위해 모두가 노력하고 있었다.

쿠바는 한마디로 표현하기 어려운, 이상한 늪 같은 매력의 나라다. 쿠바 사람이 멋지게 시가 피는 모습을 보면, 얼마나 맛있길래 싶어서 한번 피워보고 싶은 마음이 들었다. 술이 약한데 아바나 클럽으로 만든 모히토는 네 잔까지 쭉쭉 들어갔다. 외벽이 다 떨어지고 벽돌이 드러나 내일 쓰러져도 이상하지 않을 법한 집에 사람들이 살고 있었다. 음식은 투박하고 촌스럽다. 상가에 선반도 빈 곳이 많다. 멕시코에서 한 시간 날아왔을 뿐인데, 풍경은 50년 전이다. 칸쿤에서 '요즘 세상'으로 돌아왔을 때, 잠시 과거 세상에 다녀온 것 같았다.

이 순간에도 쿠바는 변하는 중이다. 너무 늦게 쿠바에 가면, 그저 그런 식민지풍 나라 중 하나를 방문하게 될지도 모른다. 안정은 편안하지만 지루한 면이 있고, 변화는 초조하지만 매력적이기도 하다. 개혁의 소용돌이 앞에서 아찔하게 선 타는 중인 쿠바. 더 늦기 전에 당신도 구경하고 왔으면 좋겠다. 개인적으로는 사랑하는 사람이 생긴다면, 쿠바에 같이 가고 싶다. 늘 뒤적거리던 스마트폰이 없는 밤. 사랑하는 사람과 쿠바 음악을 들으며 춤추고, 둘만의 이야기를 나누고 싶다.

남미 여행 중 과테말라에서는 유독 일이 잘 안 풀렸다. 계속되는 사고에 과
테말라 자체가 미웠다. 멕시코에서 벨리즈 지나 과테말라로 넘어오려면, 국
경지대의 작은 섬 '플로레스'를 통과해야 한다. 플로레스. 스페인어로 '꽃'이라
는 아름다운 이름에 속았다. 이 작은 섬에는 막 국경 넘어 어리둥절한 여행자
를 노리는 사기꾼이 득실거린다. 사실 섬 경제 전체가 국경 넘는 여행자에 의
해 돌아가기에, 길거리에 여행사도 무척 많다. 좀 과장하자면, 세 가게 중 한
가게는 여행사였다. 항상 여행지에서 웃으며 먼저 다가오는 사람은 사기꾼이
라는 마음가짐으로 다녔다. 쏟아지는 무수한 호객행위를 거절하고 무시했다.

길을 지나는데 주택 계단 앞에 쪼그려 앉아 담배 피우던 젊은이가 말을 걸었
다. 이 사람마저 호객꾼일 줄이야. 알고 보니 또 여행사 하는 놈이었다. 여행하
며 사람 보는 눈이 좀 늘었다고 생각했다. 그건 내 착각일 뿐이었고, 전문가(?)
가 속이려고 작정하면 껌뻑 넘어갈 수밖에 없더라. 끝내 사람 좋은 웃음을 짓
는 한 여행사에서 과테말라 도시 간 이동, 숙소를 뭉텅이로 결제했다.

플로레스-세묵참페이 이동하는 버스,
세묵참페이에서 묵을 숙소,
세묵참페이 투어,
세묵참페이-아티틀란 호수 이동하는 버스

많이 결정할수록 많이 깎아주겠다는 속삭임에 당했다. 얼마나 철저한지, 버

스 타고 그 도시 떠나는 새벽에 내 숙소 앞에 와서 배웅해 주기까지 했다. 계약 내용 중에 그 버스 만이 사실이었다. 어쩐지 버스가 좋더라니…….

석회질 물이 오랫동안 계곡 따라 흐르다, 가라앉은 석회 가루가 굳어 계단식 웅덩이가 생겼다. 푸른 열대 우림 속에 숨겨진 새하얀 계단식 수영장. 머물렀다 넘치면 부드럽게 흐르는 에메랄드빛 강물. 터키 파묵칼레 확대 버전인 세묵참페이 사진을 보는 순간, 여기는 아무리 멀어도 꼭 가야겠다고 마음먹었다. 가는 길이 과테말라에서 가장 험한 길이라고 해도 상관없었다. 실로 오는 길이 만만치 않았다. 플로레스에서 랑퀸까지 국도 따라 10시간 동안 좋은 버스(!) 타고 왔다. 랑퀸에서 세묵참페이 있는 산속까지 트럭 짐칸에 실려 비포장도로 40분을 더 들어왔다. 세묵참페이에는 여행자 사이에서 유명한 숙소가 몇 군데 있다. 사기꾼 여행사가 그 숙소는 아니지만 새로 생긴 좋은 숙소를 연결해주겠다고 했다. 그가 보여준 사진과 닮은, 그렇지만 많이 낡아버린 숙소에 도착했다. 식당 딸린 공용 공간, 별도 화장실, 남녀 건물이 분리된 숙소 두 동까지. 산속에 있는 것 치고는 상당히 큰 규모는 맞다. 묵는 사람이 나 하나뿐이라는 사실이 문제지만. 산 한가운데 덜렁 있는 숙소라 근처에는 정말 아무것도 없었다. 모든 것을 숙소 안에서 해결해야 했다. 아버지가 사장이었고 어린 아들이 잡일을 도왔다. 저녁 식사를 시켰는데, 열 살 남짓한 아들이 뚝딱뚝딱 만들어 내는 맛이 나쁘지 않았다. 꽤 그럴싸한 저녁 식사를 하고 찢어진 모기장과 사투하며 하룻밤을 보냈다.

이곳에 온 이유, 세묵참페이 투어가 예약된 날이다. 투어 팀이 데리러 오기로 한 시간에 맞춰 물놀이 복장을 마치고 기다렸다. 숙소 사장이 물었다.
"아무 연락도 받지 못했어. 너 진짜 예약된 것 맞니?"

"그럼, 돈도 다 냈다고."

기다리고 기다려도 데리러 오는 사람이 없다. 숙소 사장이 영수증에 적힌 번호로 전화를 걸어줬다. 세묵참페이 투어 회사 번호, 사기 친 여행사 번호. 둘 다 받지 않는다.

"이거 아무래도 가짜 같은데?"

"아니야, 무슨 사정이 있겠지……. 조금만 더 기다려볼세."

한 시간이 지나도 연락이 없다. 사기였다. 이토록 완벽하게 속았다니. 분통이 티졌다. 화가나 주먹으로 테이블만 퍽퍽 후려갈겼다. 바뀌는 것은 없었다. 이 산속에서, 말도 못 하는 내가 어디 가서 뭐라고 따지랴. 받아들일 수밖에 없었다.

"우리 숙소도 투어해 줄 수 있어."

"그래……. 어쩔 수 없지……."

투어비를 숙소 사장에게 다시 내고 세묵참페이로 향했다. 이 정글에서 평생 살아온 사장. 숲을 잘 안다. 아침에 시간 허비한 만큼 서둘러야 했다. 길도 나지 않은 열대 우림을 나뭇가지로 헤쳐가며 걸었다. 사장이 이끈 지름길 통해 옥빛 계단식 강이 한눈에 내려다보이는 전망대에 닿았다. 내가 불쌍한지, 사장 아저씨가 사진도 열심히 찍어줬다.

'하, 세묵참페이 멋있긴 하네.'

정글 속 뜬금없는 옥빛 수영장이 정말 멋있긴 해서 더 기운이 빠졌다.

강 옆에는 작은 동굴도 있었다. 그 동굴을 따라 걷고 수영하는 코스도 인기다. 동굴 내부는 그리 넓지 않다. 조명 같은 건 물론 없다. 입구에서 촛불을 한 자루씩 손에 쥐여준다. 촛불 모양 랜턴도 아닌 진짜 양초라서, 물에 한 번 닿

으면 끝이다. 강물은 동굴 초입에서 발목까지 찰랑거렸다가 안으로 갈수록 깊어졌다. 걸을 수 없는 부분부터는 한 손으로 초를 높게 들고 다른 손으로 헤엄쳐야 했다. 벽에 밧줄로 손잡이 정도는 만들어 뒀더라. 힘에 부치면 그 밧줄 잡고라도 버텨야 한다. 헤엄치며 진이 다 빠졌는데 이번에는 절벽이 나왔다.

"여기를 내려가라고?"

"그래, 뛰어!"

동굴 빠져나가려면 미끄러지듯 절벽 다이빙도 해야 했다. 생각보다 꽤 위험한 '동굴 탐험'이었다. 그래서 짜릿했지만, 과테말라가 조금이라도 안전에 신경 쓸 여력이 있는 나라였다면 진작에 금지되었을 것 같다. 이미 거쳐 간 많은 탐험객이 들고 온 초 때문에 동굴 벽은 그을음으로 덮였다. 다소 위험했던 동굴 탐험을 마치고 나오는 길 가이드가 그 그을음을 찍어 얼굴 위에 그림을 그려줬다. 이 계곡 내에선 그 얼굴 그림이 동굴 탐험 성공적으로 해냈다는 증표 같은 의미다.

본격적인 물놀이 시간. 강 쪽으로 긴 그네가 설치돼 있다. 대담한 여행자는 긴 줄 그네를 몇 차례 흔들다가 강으로 곧장 뛰어들었다. 몸뚱이가 내 마음 같지 않다. 혹시나 타이밍 못 맞추고 땅에 곤두박질쳐질까 봐, 몇 번을 망설였다. 뒷사람들의 환호에, 미친 척하고 최고점에서 물로 뛰었다. 튜브 빌려 따뜻한 강물 위를 떠다니기도 했다. 물살은 물빛만큼 잔잔하다. 튜브에 편히 누워 옥색 물 위를 떠내려갔다. 이름 모를 여행자들과 자유의지 없는 나뭇잎처럼 물살에 몸을 맡기는 시간. 잔뜩 성난 마음을 어루만져 줬다.

다음 날, 숙소 아저씨가 내가 불쌍했는지 세묵참페이에서 '아티틀란 호수'로 가는 버스비를 내줬다. 고맙긴 했지만, 저렴한 버스였는지, 서스펜션이 다 닳아 뇌까지 들썩이는 느낌이었다.

'과테말라에서 이 정도 액땜했으면 됐겠지?'

역시 방심할 때 사고가 일어난다. 멕시코와 쿠바에서 단 한 번도 사고가 없었던 나. 남미 치안을 너무 만만하게 봤다. 이동 버스에서 배낭을 눈 닿지 않는

맨 뒤 짐칸에 넣어뒀다. 도착한 숙소에서 배낭을 푸는데,

"이 개자식들!"

솔직히 이때 더 심한 욕 한참 내뱉었지만, 순화해 썼다. 배낭에서 맨 위에 넣어 둔 전자기기 파우치와 보조 배낭이 사라졌다. 다행히 정말 중요한 여권, 현금은 늘 복대에 지니고 다녔다. 그래서 보조 배낭 도난은 그리 치명적이지 않았지만, 전자제품 파우치가 사라진 것은 큰 타격이었다. 휴대전화 잃어버릴 때 대비해서 가져온 예비 휴대전화, 카메라 배터리, 여러 충전기가 통째로 털렸다. 도둑도 달리는 차 안에서 급히 빼가느라 가방을 모조리 헤집지는 못했다. 손 닿는 데까지만 뽑아갔나 보다. 그렇지 않아도 여행사 사기 때문에 과테말라가 싫었는데, 가방까지 털리다니. 오만 정이 다 떨어졌다. 시장에 가서 충전기들을 다시 구했다. 수도 '안티구아'에 갔을 때 경찰서에 들러 폴리스 리포트도 작성했다.

경제가 어려워 그런지, 과테말라 버스에서 손버릇 나쁜 사람을 자주 만났다. 버스 안 소매치기만 두 번째 겪었다. 치킨 버스라고 불리는 현지 버스 타고 '치치카스테낭고 시장'에 가던 날이었다. 버스에 사람이 별로 없기에 두 명 앉을 좌석에 한 명씩 앉았다. 작은 마을 정류장에서 열댓 명도 넘는 현지인이 한꺼번에 올라탔다. 후줄근한 차림의 한 아줌마가 타자마자 나를 빤히 응시했다. 씩 웃으며 내 쪽으로 걸어오는데, 왠지 느낌이 쎄-하다. 빈자리도 많은데 굳이 내 옆자리에 와서 앉는다? 앞니 하나가 썩어 문드러진 아줌마. 끊임없이 내게 웃으며 말을 걸었다. 주위를 다른 곳으로 돌리려는 작전이다. 여권, 지갑, 카메라, 핸드폰 든 가방을 배에 얹고 손으로 한 번 더 굳게 감쌌다. 과테말라에서 연이은 사고에, 내가 바짝 긴장하는 중인 줄을 이 아줌마는 모르겠지. 아줌마가 점점 더 친한 척을 하며 내 쪽으로 궁둥이를 붙였다.

"야! 뭐 하는 거야!"

어김없이 내 가방으로 들어오는 아줌마의 손길. 버스 전체에 울려 퍼질 만큼 크게 소리를 질렀다. 머리끝까지 열이 뻗쳤다.

'어휴, 또 도둑이냐! 정떨어지는 과테말라.'

길게 머물지도 않는 중인데, 사기는 한번 소매치기는 벌써 두 번째다. 이 나라에 대한 애정이 눈곱만큼도 남지 않았다. 빨리 떠나고픈 마음뿐이다.

과테말라를 떠나기 전 마지막으로 바다처럼 큰 '아티틀란 호수'에 들렀다. 주변으로 파나하첼, 산페드로, 산마르코 등 작은 마을도 많다. 고지대에 자리한 호수마을들이라 발전은 더디다. 산소 부족이 턱턱 느껴지는 고도다. 빨리 걸어 다닐 수도 없다. 강제로 쉬엄쉬엄 행동하게 만드는 곳. 지금 떠나면 과테말라는 혐오했던 기억만 남을지도 모른다. 이 나라에서 너덜너덜해진 심신에 휴식이 필요했다. '산마르코'에서 호수가 내려 보이는 숙소를 잡았다. 호수에서 수상스키나 카약을 즐기는 사람도 많았지만, 그럴 힘이 남지 않았다. 호수 마을 사이를 연결하는 보트 말고는 여기서 무언가를 타 본 기억이 없다.

느리고 고요한 마을. 눌러 앉아버린 서양 히피도 많다. 그 덕에 입에 맞는 카페와 식당도 즐비했다. 과테말라산 원두로 장사하는 카페에 가서, 거품 잔뜩 올린 라떼를 사 마셨다. 비건 여행자에게 인기 많은 과일주스 가게에서 파파야 스무디도 사 먹었다. 이 마을에 정착한 일본인은 호숫가에서 푸드트럭으로 돈을 번다. 그곳에서 데리야키 닭고기 덮밥도 사 먹었다. 위로가 되는 익숙한 간장 맛이 좋다. 머무르는 동안 현지인 사는 모습도 구경했다. 생닭을 제물로 바치고 꽃을 불에 태우며 기도하는 '성당'. 서양 종교와 토착 신앙이 결합한 독특한 미사를 봤다. 시장에서 화려한 수 놓은 옷감들도 구경했다. 튀긴 토르티

야에 매콤 새콤한 소스와 삶은 달걀 반쪽을 올려주는 간식도 즐겨 사먹었다. 아티틀란 호수에서 한없이 퍼져서, 박살 난 몸과 마음을 치유했다. 바다 같은 호수에 과테말라 미워하는 마음을 풀어냈다. 이 시간 없이 과테말라를 떠났다면, 평생 과테말라를 용서하지 못했을 것 같다.

아무리 남미 사람이 친화력 좋아 보이고, 내가 여행 고수가 된 것 같은 착각이 들어도 방심하면 안 됐다. 긴장의 끈을 놓는 순간, 사고가 잇달았다.

신혼여행으로도 많이 향하는 멕시코 '칸쿤'. 칸쿤에서 차로 한 시간 거리에
배낭여행자의 칸쿤이라고 불리는 도시 '플라야 델 까르멘'이 있다. '배낭여행
자의'라는 한정적 수식어가 붙은 만큼 칸쿤보다는 못했다. 칸쿤의 옥처럼 맑
고 푸른 해변과 비교할 수 없게 물이 탁하다. 파도칠 때마다 무성하게 자란 수
초들이 자랑하듯 길게 키를 늘렸다. 물 위로는 모터보트에서 나온 석유 찌꺼
기가 둥둥 떠다녔다. 현지인들도 발만 살짝 담그고 논다. 바다가 좋아 플라야
델 까르멘에서 오래 머무를 생각이었지만, 그럴 마음이 싹 사라졌다. 칸쿤 해
변은 흠잡을 데 없이 아름다웠지만, 최고로 놀기 좋은 해변은 모조리 리조트
소유였다. 배낭여행자들은 그저 곁다리 바다에서 해수욕을 즐겨야 했다. 멕시
코 해변을 오롯이 즐기기 위해 플라야 델 카르멘 근처 '코즈멜 섬'으로 향했다.

'코즈멜 섬'은 일본인 숙소가 유명하다는 후기를 봤다. '깨끗하다'라는 평이
일단 마음에 들어 하룻밤을 예약했다. 내륙에서 평생 살아서, 바닷가에 오면
이유 없이 들뜬다. 아침부터 폭염경보 수준으로 덥다. 25kg 넘는 배낭 메고 걸
어도, 물 맑다는 섬으로 들어가는 길이라 콧노래가 났다. 다행히 이번엔 페리
에서도 멀미가 없다. 선착장에 내려 숙소까지 오는 길은 해가 중천이라 출발할
때 보다 더 뜨거웠다. 잠깐 숙소까지 걷는 데도 두피가 익는 듯했다.

이곳에 정착한 일본인 주인이 주택 한 채를 개조해 게스트하우스처럼 운영
하는 숙소. 조용하고 나긋한 주인아주머니에게 주의사항을 들었다. 찬물을 세
게 틀고 두피 안부터 발끝까지 완전히 적셨더니 좀 살 것 같다. 선풍기는 공용
공간에만 있었다. 거실에서 선풍기를 강풍으로 틀어 머리 말리는 중이었다. 일

찍 일과를 마치고 들어온 일본인 여행자가 나를 보고 일본어로 인사를 건넨다.

"곤니찌와.(안녕하세요.)"

"와따시와 칸코쿠진 데스.(나는 한국인입니다.)"

고등학교에서 배운 생존 일본어. 딱 여기까지 말할 줄 안다.

"에-? 혼또?(정말?)"

들어오는 일본인마다 보이는 반응이 비슷해서 재미있었다. 바다 좋은 사람은 길게 묵는 섬이다. 이 일본인 숙소 내 한국인 등장은, 그들에게 작지만 흥미로운 변화 같아 보였다.

숙소 주방에서 매일 저녁 식사를 같이 요리해 나눠 먹는다. 저녁 식사 참여 의사를 밝히면, 주인아줌마가 장을 봐온다. 저녁 먹은 뒤에는 장 본 금액을 정확히 나누어 걷는다. 깔끔하고 합리적인 저녁 식사에 참여하지 않을 이유가 없다. 첫날 저녁거리는 성인 머리통보다 큰 소라 한 마리와 랍스터처럼 생긴 손바닥만 한 새우 20여 마리였다. 소라 한 마리 살을 꺼내니 왕새우살 10개를 발라낸 양보다 많다.

'대체 이런걸 어디서 잡아 온 거야?'

이렇게 큰 소라는 해양박물관에서나 봤다. 같이 밥 먹을 사람들이 모여 저녁 식사 준비를 시작했다. 중년 일본인 아저씨 두 명은 중간중간에 하도 맥주를 마셔대, 이미 얼굴이 벌겋다. 무슨 말인지 알아듣지 못하는데도 두 아저씨의 시답잖은 만담이 표정만으로 웃긴다. 한 청년은 새우 초밥을 해 먹겠다며 갓 지은 밥을 선풍기 바람에 식히고 있다. 아까 내가 머리 말렸던 그 선풍기 앞에 앉아 계속 주걱으로 밥을 이리저리 젓는다. 일본인이란…… 어쩜 여섯 명 중에 회 뜰 수 있는 사람이 두 명이나 있는 걸까? 소라는 숙회로, 새우는 날 것으로 회 떠 먹기로 했다.

"아이 캔트 이트 사시미……. (나 회는 못 먹어.)"

"오, 다이죠브. 팬 후라이 오케? (괜찮아. 구운 건 괜찮지?)"

날것을 잘 못 먹는다고 하자, 새우 몇 점은 버터로 구워주기로 했다. 한 사람은 소라와 새우 자투리를 올리브유에 넣고 '소라, 새우 감바스'를 만든다. 일본에서 개그맨이 아니었을까 싶을 만큼 웃긴, 이미 맥주 때문에 얼굴이 시뻘건 또 다른 아저씨는 감바스에 찍어 먹을 바게트를 일정하게 썬다. 손이 아파지면 칼 내려두고 헛소리하며 잠시 쉴지언정, 0.5cm 두께는 변함없다.

'와…. 대충 먹지…….'

나 혼자였으면 대충 잘라서 볶아먹고 말 텐데, 이곳 사람들은 사뭇 진지하다. 감바스에 들어갈 양송이도, 찍어 먹을 바게트도 균일한 규격으로 써는 중이다. 한 청년은 썰어낸 바게트를 작은 토스트용 오븐에 꼭 여섯 조각씩 집어 넣고 잘 구워지는지 노려보는 중이다. 사시미도 얼른 쑹텅쑹텅 썰어 먹으면 그만이지. 한 점 한 점 썰어 접시에 장미 무늬로 담는다. 이야기하랴, 맥주 마시랴, 요리하랴. 식사 준비에 두 시간도 넘게 걸렸다. 성격 급한 나는, 살짝 문화충격을 받았다. 여행지 주방이라고는 믿을 수 없이 정성스럽다.

결국, 초밥은 만들지 못했다. 만족할 만할 밥을 만들어 내지 못했나 보다. 대신, 미지근한 밥을 일본식 밥그릇에 한 그릇씩 담아 나눠줬다. 버터에 구운 새우는 거의 내 차지였다. 랍스터 못지않게 씹는 맛이 쫀득했다. 구워서 크기가 줄어들었지만 네 번은 베어 물어야 할 만큼 컸다. 맛이나 보라는 권유에, 새우 회도 맛봤다. 선홍빛 젤리같이 입안 감싸는 탱그르한 식감과 달콤한 맛이 나쁘지 않다.

　검정 바탕에 빨간 줄 그어진 일본식 밥그릇에 일본식 나무젓가락. 간장 종지에 푼 와사비. 둘러앉은 사람은 나만 빼고 다 일본인. 장소도, 사람도, 먹는 음식도 낯선 조합이다. 누군가 바카디 한 병을 꺼내오며 식사 자리가 길어졌다. 알고 보니 한국말 잘하는 일본인이 있었다. 자신을 '진짱'이라고 불러 달라고 했다. 머무는 내내, 그 별명으로만 그를 불러서 그의 진짜 이름을 아직도 모른다. 진짱이 대화를 한국어로 번역해줬다. 진짱 덕에 나도 그 빠른 일본말 대화에 낄 수가 있었다. 말이 통하는 진짱과 자연스레 친해졌다. 내일 바다 수영을 같이 가기로 하고 첫날 모임은 정리가 되었다.

　진짱은 이미 한 달째 코즈멜 섬에 묵고 있었다. 다소 섬 생활이 무료하던 차에, 한국어 연습 상대가 생겨 좋다고 했다. 다음날 바다로 나서는데, 진짱이 예사롭지 않은 물건을 지고 나온다.

　"무르-꼬기 잡으러 가자."

　"이거 어디서 났어?"

　"일본에서 가지고 왔지."

　키만큼 길고 끝이 날카로운 철제 작살. 이걸 수화물로 붙여 굳이 여기까지 가지고 오다니. 진짱의 바다 사랑도 알 만했다. 코즈멜 섬은 작아서 숙소에서 걸어서 해변에 닿을 수 있었다. 진짱이 한 달간 파악한 '걸어가도 볼 것 있는' 해변으로 갔다. 10분 정도 걸었을까, 어제 못지않은 한낮 열기에 온몸에 땀이 줄줄 났다. 해변에 다다르자, 속에 입고 온 수영복만 남기고 그대로 바다로 뛰어

들었다. 프리다이빙을 배운 적은 없지만, 바다라면 어디든 물안경 끼고 들어가 '내 멋대로 잠수'를 즐겼다. 평온하게 일렁이는 해변에서 봤을 때는 상상도 못했다. 진짱 손가락 따라 바닥을 보니 피라미드가 보였다. 멕시코 시티에서 봤던 아즈텍 양식 피라미드 말이다.

'수중 피라미드를 발견한 건가!'

심장이 멎을 뻔했다. 가까이서 보니 다이버를 위해 일부러 만들어 놓은 조형물이었다.

'어휴, 피라미드에 내 이름 붙이는 줄 알았네!'

처음 만나는 코즈멜 바닷속 구경하는 동안, 진짱은 둘러메고 온 작살로 물고기 사냥을 시작했다. 탄성 있는 줄에 작살을 걸고, 새 총처럼 발사해 물고기를 잡는 방식이었다. 진짱이 여러 마리를 쉽게 잡길래 사냥이 만만해 보였다. 나도 해 보겠다고 나섰다. 지나가는 물고기가 도망가지 않게 오리발 차기를 멈춘다. 물에 뜬 무생물체처럼 숨을 죽이다, 적당한 목표물이 지나가면 요란하지 않게 손만 움직여 작살을 겨눴다. 정확한 타이밍에 고무줄을 놔서 발사해야 한다. 겨냥까지는 그럭저럭 흉내 냈지만, 결국 물고기는 한 마리도 잡지 못했다. 막상 '죽인다'고 생각하니 매번 손에 힘이 빠졌다. 어시장에서 죽어 누워있는 '생선'과 달리, 스스로 물고기 숨통을 끊는 과정은 각오가 필요했다. 진짱은 꽁치처럼 생긴 물고기를 몇 마리 잡았다. 그날 공용 저녁에 메뉴가 하나 더 추가됐다.

진짱은 '재즈 음악'을 좋아하는 점도 나와 닮았다. 막 라틴 음악에 빠진 나와는 다르게 그는 진성 살사광이었다. 제주도에서 열리는 살사 페스티벌에 매년 간다고 했다. 매일 수영하고 저녁에 재즈바에서 맥주 한잔하기. 그가 이 섬에 온 이유같이 보였다. 동네 탐방하는 데만 며칠은 걸렸을 텐데, 친구라서 그의 '엄선된 코즈멜 섬 즐길 거리 리스트'에 무임승차할 수 있었다. 가장 멋지다는 공연장도 따라갔다. 저녁이 되자 이 섬에도 드디어 바람이 불었다. 가게 안팎으로 자라난 야자수가 부채처럼 살랑인다. 줄줄이 사탕같은 알전구에도 모두 불이 들어왔다. 맥주 한 병과 함께 야외 테이블에 자리 잡았다. 한 여름밤 바람이 두피 사이사이까지 불어와 상쾌한 감각을 불러일으킨다. 일본인과 한국 친구보다 더 속 깊은 이야기를 나눴다. 쿠바의 호소력 짙은 음악과는 느낌이 달리, 경쾌하고 호탕한 멕시코 리듬이 펼쳐졌다. 살사 마니아 진짱이 같이 춤을 추자고 제안했다. 여전히 발은 꼬이지만, 달은 밝고 바람이 시원해 신이 났다. 진짱 리드 덕분에 속성으로 배웠지만, 꽤 그럴싸한 춤을 췄다.

태생부터 긍정적인 건지, 서양인 여행자들은 만나면 바로 "Oh! friend!" 라고 외쳤다. 그게 여행자 문화인가 싶어 따라 하던 때가 있었다. 어느 날부터 의문이 들었다.

'이런 사이를 친구라고 불러도 될까?'

점차 그 '프렌드'라는 말이 의미 없는 단어처럼 느껴졌다. 친구가 되기 위해서는 어떤 것이 필요할까? 공유된 시간 속에서 자연스레 함께 즐거울 수 있어야 진짜 친구가 아닐까? 'Let it be'라는 말처럼. 이어질 운명이라면 억지로 잡지 않아도 통하게 될 거라 믿는다. 인간관계도 삶의 방향도. 억지로 움켜쥐지 않으려 한다. 친구가 되기 위해서 중요한 것은 '서로 얼마나 노력하느냐'가 아니라 '둘이 얼마나 통하느냐' 였다.

'남미'하면 떠오르는 대표적인 국가 페루. 그중에서도 가장 유명한 도시를 하나 꼽으라면, 단연 '쿠스코'가 떠오른다. 쿠스코는 본래 이름보다, '마추픽추 가는 도시'로 더 널리 알려져 있다. 평균 해발 고도가 3400m에 달하는 도시. 최고 높이가 1950m인 한라산과 비교하면, 이 도시가 얼마나 높은지 조금은 실감이 난다. 쿠스코에서는 약간만 급하게 걸어도 숨이 턱턱 막혔다. 강제 'Slow city'에서 한 다리가 다른 쪽 다리를 스치는 속도가 느껴질 정도로 천천히 걸었다. 과거 잉카 제국 수도라 쿠스코는 그 자체로도 볼거리가 풍부하다. 그래도 이 도시를 처음 방문하는 여행자라면, 대부분 가슴 속에 같은 목표를 품고 있다.

바로 '마추픽추' 말이다.

쿠스코를 통해 마추픽추로 갈 수 있어서 쿠스코는 오늘도 인기가 많고 내일도 붐빌 예정이다. 방문했던 당시, 그러잖아도 남미 여행이 붐일 때였다. TV 프로그램 '꽃보다 남자'가 쿠스코 열풍에 기름을 부어 남미 어떤 도시와도 비교할 수 없을 만큼 한국인이 많았다. 쿠스코에서 마추픽추를 가려면 버스, 기차, 개인 이동 같은 다양한 방법이 있다. 당연히 기차나 버스를 타려고 했다. '잉카 정글 트레킹'이라고 쿠스코에서 마추픽추까지 걸어가는 방법도 있는데, 그건 선택지에 끼지 못했다.

쿠스코에 오기 전 페루 '와라즈'에서 빙하 트레킹을 할 때였다. 투어 버스에 앉아있는데 앞에 앉은 동양인 헤어스타일이 익숙했다. 역시나, 한국인이다.

22실 동갑내기 친구로, 군 제대 후 같이 공사장 인부 알바하며 모은 돈으로 남미에 왔다고 했다. 제대 후 바로 일해서 왔다니, 아프리카 가고 싶어서 아르바이트에 매진하던 시절이 떠올랐다. 두 친구가 성격도 좋아 함께 산을 걷는 하루 만에 가까워졌다. 그동안 다른 방향으로 페루 남쪽으로 내려오다가, 쿠스코에서 두 친구와 일정이 맞아 재회했다. 그 친구들이 파격적인 제안을 했다.

"누나, 2박 3일 잉카 트레킹으로 마추픽추 가는 게 어때요?"

'차 있다면 차를 타자. 한번 나간 연골은 돌아오지 않는다.'

게으른 신념으로 살았다. 당일 코스도 아니고 무려 '2박 3일 동안' 산길, 물길, 기찻길 따라 걷는, 유난히 더 거친 잉카 트레킹은 내 인생에 있을 수 없는 일이었다. 그 친구들이 보여주는 잘 찍힌 사진과 한 명이라도 더 꾀이고 싶은 여행사 직원의 말재주에 결국 넘어갔다. 이게 잘하는 짓인지, 돈 내는 순간까지 분별이 가지 않았지만. 같이 갈 유쾌한 동반자들이 있을 때 한 번 도전 해 보는 것도 나쁘지는 않을 것 같았다.

2박 3일 걷기가 시작되는 날. 약속 장소, 시간 맞추어 나왔건만 어쩐지 날씨가 흐리다.

'비가 오면 취소되지 않을까?'

일말의 기대와 달리 빗방울은 딱 그 정도만 떨어지다 멈췄다. 오히려 걷기엔 땡볕보다는 약간 흐린 날이 좋다며, 마냥 신난 22살들이다. 도로 따라 걸으면 더 멀기 때문에 산을 가로질러 걷는다. 오르는 산보다는 그저 올려다보는 산이 더 좋았다. 이런 체력으로 산길 따라 종일 걷기가 쉽지 않다. 가끔 산속을 걷다가 간이 휴게소에서 쉬었다. 잉카 정글 트레킹으로 오는 관광객이 주요 수입원인가보다. 앵무새와 원숭이를 나무 기둥에 묶어뒀다. 얼마나 많은 여행자가 물어봤는지 '앵무새와 원숭이는 안전을 위해 묶여있고 저녁에는 풀어줍니다.'라고 적혀있기까지 했다. 어쨌든, 할아버지 같은 희고 긴 수염을 난 원숭이를 가까이서 구경할 기회였다. 가이드가 벌레 퇴치하는 열매도 가져왔다. 열매를 으깨니 형광 주황색 즙이 나왔다. 가이드가 그 즙을 모아 우리 얼굴에 그림을 그려줬다. 면봉에 찍어 그리는데, 일필휘지다. 보통은 해, 달, 꽃 모양을 요구하지만, 친구 중 한 명이 가이드를 자극했다.

"Here is jungle! I want a strong face! (여긴 정글이야! 강한 얼굴 그려줘!)"

"Good! You Puma, Okay? (좋아, 너한텐 퓨마를 그려주마!)"

가이드가 호언장담했다. 안타깝게도, 의욕을 뒷받침하지 못하는 손재주. 결국, 친구는 한 마리 주황 야옹이가 되고 말았다. 가이드의 손끝에서 탄생한 주황 고양이 얼굴을 보고, 모두가 박장대소했다. 낙장불입! 주황 고양이가 되어 오늘을 걸어야 한다.

잠깐 즐거운 휴식시간을 갖고 다시 길을 나섰다. 수풀을 젖히고 흙길 걷다가 돌밭도 지났다. 아찔한 계곡 옆 낭떠러지를 지날 때면, 앞 사람이 디딘 자국만 쫓으며 조심스럽게 걸어야 했다. 부실해 보이는 나무다리를 놓은 강도 건넜다. 잉카인은 이 길을 통해 마추픽추로 향했다고 했다.

아이고, 그런데 아직 오늘 숙소까지 절반도 못 왔단다. 오르막과 내리막을 반복하며 허벅지 앞뒤로는 힘이 잔뜩 들어갔다. 내 다리가 내 것 같지 않다. 팔에는 숟가락들 근육만, 다리에는 잠깐 걸을 근육만 붙어있는 나. 갓 제대한 22살에 비해 쉽게 지쳤다. 딱 죽기 직전에 낭떠러지 위로 킹사이즈 침대같이 넓고 큰 바위가 등장했다. 바위에 대(大)자로 누워 눈을 감았다. 산소 찾아 한껏 벌어진 코와 입 사이로 정글 공기가 들어왔다. 이렇게 끝없는 당근과 채찍질을 반복하고서야 첫날 숙소에 도착했다.

저녁에는 '핫 스프링'에 간다고 했다.
'이 산속에 온천이 있다고?'
따라가 보니 산 밑에 수영장처럼 잘 관리된 노천온천이 진짜로 보였다. 이 탕 저 탕을 옮겨가며 뭉친 근육을 녹였다. 어깨 밑으론 따듯하고 코끝은 시원한 노천온천. 언제와도 기분 좋은 노곤함이다.
'그래도 걸어서 오기를 잘했네.'
이 기억을 공유할 친구들, 몸 전체로 퍼지는 온기, 까만 하늘에 뜨문뜨문 빛나는 별을 즐기며 첫날을 마무리했다.

투어 둘째 날은 액티비티가 집중된 날이다. 산과 산을 쇠줄로 연결해 뒀다. 그 줄에 매달려 순식간에 계곡 사이를 이동하는 집라인이 오늘의 첫 번째 할 일이다. 벨트에 버클을 연결하고 직원이 세게 몸 밀어주면 정신 차릴 새도 없이 출발이다. 밑을 내려다보기도 어려울 만큼 덜덜 떨렸다. 절반 넘게 날고서야 정신이 들었다. 비로소 눈 떠 주변 풍경을 봤다. 날씨가 맑았다. 흰 구름 걸린 진초록 산을 몇 초나 구경했을까. 벌써 반대편에 도착했더라. 해 보니, 괜찮다. 슈퍼맨 자세, 닭백숙 자세 같은 자세로 다시 날아 보았다.

널빤지를 띄엄띄엄 엮은 흔들다리를 건너기도 했다. 내게 고소공포증이 있는지 처음 알았다. 손발과 입술이 주체할 수 없이 떨렸다. 겨우 내려 와 보니, 손에 땀이 한 바가지다. 군대에서 '무슨 병 출신'이었다고 자랑하던 한 친구도 나만큼 후덜덜덜 떨기에, 내려와서 놀랐다.

오늘 마지막 일정은 철길 따라 3~4시간 걷기.

"철길 따라 끝까지 오면 됩니다."

매번 이 길에 왔을 가이드는 이 말을 남기고 사라졌다. 어제 험한 산 걷다가, 오늘 평지를 걸으니 별로 힘들지는 않다. 친구들과 살아온 이야기 주고받으며 평지 걷는 시간. 어제에 비하면 힐링에 가까웠다.

"내일 새벽 네 시 반까지 마추픽추 입구로 모이세요. 늦으면 안 됩니다!"

내일 드디어, 마추픽추에 오른다. 가이드가 마추픽추에 걸어 오르려면 매우 가파른 돌길을 '기어오르듯' 3시간 정도 올라야 한다고 했다. 마지막까지 고민했다.

'새벽부터 진 빼면, 막상 마추픽추는 제대로 구경도 못 하는 거 아냐? 내일은 버스탈까?'

합리화를 시도하려는 찰나, 이번에도 친구들이 의지를 북돋아 준다.

"여기까지 걸어왔는데 마지막에 버스 타는 건 말도 안 되죠!"

약해질 뻔한 마음 다잡았다. 그래, 잉카인이 걷던 길을 완수해야지. 어디 가서 '잉카 정글 트레킹' 하고 왔다고 이야기하려면 끝까지 걸어야 하지 않겠어?

아직 사방이 완전 어두운 새벽 네 시 반. 마추픽추 오르는 길 입구에는 이미 줄이 길었다. 같은 목표로 모인 사람들이다. 마추픽추 오르는 길, 들은 대로 장난 아니었다. 세워 둔 달걀같이 길쭉한 돌산 꼭대기에 마을을 세웠다. 우리는 그 달걀 옆면을 기어올라야 한다. 체감상 60°도 넘을 것 같은 경사. 절벽에 가까운 유독 험한 길에는 계단 혹은 돌길이 만들어져 있긴 하지만, 이마저도 오르기가 쉽지 않다. 가이드가 지정해 준 시간에 맞추려면 쉬지 않고 올라야 했다. 지난 이틀 동안 평소 두 달 동안 걸을 만큼은 걸었다. 이미 피로가 쌓일 만큼 쌓인 다리. 후들거리기 시작했다. 다른 사람 올라가는 속도를 따라잡기가 힘들었다. 친구들이 내가 처지는 것을 눈치챘다. 두 명이 앞뒤로 섰다. 앞 친구가 페이스메이커 역할을 해주며 밟을 만한 돌을 알려줬고, 뒤에 오는 친구는 포기하지 못하게 격려하는 역할을 했다.

"할 수 있어요! 저기까지만, 저기 꺾이는 데까지만 가서 쉬자!"

혼자서는 제시간에 도착하지 못했을 것 같다. 거의 정상에 올랐을 때, 친구들이 마음껏 뛰어 올라가는 속도 보니 미안했다. 이때까지 나를 위해 일부러 천천히 올라준 것이 분명했다.

잉카인이 그랬듯, 쿠스코부터 오직 두 다리로 이 꼭대기에 올랐다.

'티셔츠 한 장, 콜라 한 병 든 가방 메고 걷기도 힘든데. 집채만 한 돌덩이를 산에 무슨 수로 올렸을까?'

진심으로 '세계 7대 불가사의' 일만 했다. 마을 전체를 조망할 수 있는 포인트로 갔다. 지붕을 제외하고는 건물 형태가 그대로 남아있다. 뒤로 당나귀 귀처럼 삐죽하게 마을을 감싼 산도 눈에 들어왔다.

"그래! 이 장면 보려고 여기 온 거지."

쿠스코부터 버스 타고 왔다면, 아니 어제 묵은 '아구아스 깔리엔떼'부터 오늘 아침에라도 버스 타고 올랐다면. 이 순간이 이토록 감격스럽지는 않았으리라. 그늘진 잔디밭에 자리 잡고 '샛노랑 잉카 콜라'를 땄다. 코카콜라보다 탄산은 적고 단맛은 많아 불량식품 같다.

'마추픽추 보며, 잉카 콜라 마시기'

상상하던 순간을 이뤄냈다. 두 다리 쭉 펴고 잔디밭에 기대앉아 잉카 콜라 한 병을 모조리 비워냈다

서로 완전 매력을 가진 친구들과 함께한 잉카 정글 트레킹. 이들 덕에 평소와는 다른 선택을 했다. 예상보다 힘들었지만, 함께라 포기할 수가 없었다. 여러 시선을 공유하니 혼자 찾지 못했던 풍경이 보이기도 했다. 내 선택이 다 맞는 줄 알고 살았다. 인생과 여행길은 혼자라고 생각했다. 가끔 남 말도 들을 필요가 있더라. 뜻 맞는 동반자의 조언 덕분에 평생 잊지 못할 추억을 만들고 왔다.

여행에서 누군가의 진심 어린 격려가 큰 힘이 되어 준 일에 비추어 볼 때, 믿을만한 타인 의견을 온전히 들어보는 자세도 인생을 풍부하게 만드는 데 도움이 될 것 같다.

　기술 부족으로 아직은 사진에 다 담을 수 없는 장소가 있다. 카메라는 명암 조절과 윤곽선으로 실물을 그려 낸다. 명암으로 멀고 가까운 곳의 감이 선명하게 그려지지 않는 곳이 있다면. 뚜렷한 윤곽선이 존재하지 않는 세상이 있다면 어떨까? 그 장소를 오감으로 느낄 때의 감정. 눈으로 사진을 볼 때와 얼마나 다를까? 아무리 구글 어스가 발달하고 VR로 세계 어디든 가상 체험을 할 수 있어도 '여행'의 독보적 지위가 끄떡도 없는 이유는 이 때문이 아닐까 싶다. 인터넷에서 본 찰랑거리는 반영 사진 한 장 때문에, '우유니 사막'은 언제나 내 '가볼 곳 버킷리스트' 1등에 있었다.

　2월에 출발한 여행이 8월까지 이어졌다. 남미가 위치한 남반구는 우리와 계절이 반대다. 남쪽으로 내려갈수록 추위가 더 매서워졌다. 남미 대륙은 가을에서 어엿한 겨울로 계절이 바뀌는 중이었다. 이미 스웨터와 점퍼를 하나둘 사서 껴입고 다닌 지 오래다. 특히 사막지형인 우유니, 다른 곳보다 일교차가 훨씬 심했다.

　볼리비아 '수크레'에서 야간 버스 타고 우유니로 가는 날이었다. 모두가 잠든 새벽 3시. 밤도 새벽도 아닌 애매한 시간에 버스가 우유니에 도착해버렸다. 기사는 매몰차게도 문 닫은 버스 회사 앞에 우리를 내려주고 어딘가로 사라졌다. 사막의 새벽 추위를 예상 못 한 바는 아니다. 어젯밤 내복, 긴 팔 티셔츠, 스웨터, 바람막이 등 가지고 있는 따듯한 옷은 다 껴입고 버스에 올랐다. 그런데도 새벽 3시, 길거리 칼바람은 견딜 수가 없다. 가방 아래에 말아 놓은 담요까지 꺼내 엉덩이에 치마처럼 둘렀다. 어디 열린 숙소가 없나 싶어 거리를 기웃거렸다.

'우유니는 여행자 많은 도시니까, 24시간 열린 호텔 리셉션도 있지 않을까?'

우유니 시내는 예상보다 더 수더분한 시골이었다. 몇몇 이름난 숙소의 문을 두드렸지만 열릴 기미가 보이지 않았다. 희미한 우유니 시내 가로등 불빛 따라, 바둑판 모양 길거리를 헤매었다. 아침까지 영하 가까운 길거리에서 서성일 수는 없다. 끝내, 지금 열린 카페가 있다는 호객꾼을 따라 가게로 들어섰다.

'버스에서 내려서 바로 카페로 따라왔으면 더 나았을걸.'

삐끼가 적극적으로 영업 펼치면, 왠지 더 따라가기가 싫다. 카페에는 비슷한 처지 배낭족이 많았다. 따듯한 차 한잔으로 값을 치르고 난롯불을 쬈다. 의자에 앉아 동이 틀 때까지 졸았다. 어쨌든 고마웠던 카페에서 아침까지 해결하고 숙소를 찾아 나섰다.

첫날 숙소는 난방시설은 없지만, 적당히 깨끗한 곳으로 잡았다. 낮이 되니 스웨터 하나만으로도 적당할 만큼 날이 제법 풀렸다. 고된 밤을 보냈으니, 맛있는 밥을 사 먹고 싶었다. 곧 떠날 사막 투어 시세도 파악해야 했다. 해가 떠 있는 동안 우유니 시내를 슬슬 돌아다녔다. 숙소로 돌아왔다. 오늘 밤은 아주 푹 쉬고 싶다. 그런데 웬걸, 방이 길바닥만큼 춥다. 한기에 샤워는 꿈도 못 꾸고 고양이 세수만 한 뒤 침대에 누웠다. 아무리 머리끝부터 발끝까지 담요를 덮어 써도, 어디선가 자꾸 찬 바람이 들어왔다. 비슷한 겨울 온도라도 사막의 밤과 우리나라 밤은 천지차이였다. 건조하고 추운 바람이 관절 마디마디를 쑤셨다. 데운 물 담은 물병도 끌어안아 봤지만 금방 식고 말았다. 또 덜덜 떨며 하룻밤을 보냈다.

아, 방값이 얼마나 아무리 차이나도 무조건 난방기구 있는 방으로 가야겠다. 다음 날 아침, 바로 짐을 뺐다.

우유니 사막은 세계적 명성만큼 다양한 투어가 진행되고 있었다. 데이 투어, 애프터 눈 투어, 나이트 투어, 1박 2일 투어 등. 하지만 이틀 연속 사막의 살 떨리는 일교차를 겪어서, 사막 안에서 자고픈 마음은 전혀 없었다. 아침에 가서 해지고 돌아오는 '데이 투어(Day tour)'를 신청했다.

도로 교통이 발달하기 전, 볼리비아 구석구석을 기차가 연결했다. 교통 대세가 자동차로 바뀌며, 기차는 하나둘 사막 옆 황무지에 버려졌다. 남은 페인트 도장 한 조각 없이 소금 바람에 잔뜩 드러난 철판. 기차가 이곳에 버려진 시기를 가늠케 한다. 이곳은 '기차의 무덤'으로 불리며 마침내 관광객들이 소금사막으로 향하는 길에 잠시 들르는 관광지가 되어버렸다. 넓은 땅 누비던 기차들

이 토사구팽당해 거대한 고철이 된 모습에 어쩐지 조금 슬퍼졌다.

이다음부터 소금사막에서만 볼 수 있는 풍경이 시작된다. 흙 대신 '왕소금'이 깔린 넓은 평원으로 향했다. 지평선이 보일 만큼 넓은 평원이 전부 하얀 소금 결정으로 덮였다. 나무나 건물처럼 땅 위에서 원근 판단을 도울 물체도 없다. 아무것도 없는 도화지 같은 땅. 햇볕이 만드는 명암과 그림자도 적다.

사막 한가운데 모여 사는 선인장 숲을 지나, 투어 하이라이트로 향했다.
'물찬' 우유니.
내가 갔을 때 우유니는 건기였다. 소금사막은 대부분 바싹 말라 있고, 일부러 찾아가야만 물 찬 부분을 만날 수 있다고 했다.
'같은 바닥이 말랐는지, 물이 고여있는지 차이일 뿐인데. 꼭 그렇게 물 찬 우유니를 고집해야 하나?'
가격 알아보러 간 여행사에서, 집착적으로 물찬 사막을 고집하는 여행객을 보며, 저렇게까지 해야 하나 싶었다. 에티오피아에서 비슷한 물 찬 소금사막을 구경해서 기대가 덜 했을 수도 있다.

어쨌든 베테랑 가이드는 길도 나 있지 않은 망망대해에서 물 찬 부분으로 정확히 차를 몰았다. 건기라 일부만 남은 웅덩이인데도 크기가 에티오피아의 그것과는 비교도 할 수 없이 컸다. 우리가 웅덩이 어디쯤 서 있는지는 모르겠지만, 적어도 지평선까지는 물이 찰랑거렸다. 해 질 때쯤에 그곳에 도달해서 두 시간가량을 즐겼다. 새파란 하늘이 고인 물에 비쳐 땅도 파랗다. 지평선이라는 말이 무색하게 하늘과 땅이 하나처럼 보인다. 그 세계는 푸른색이었다가, 노란색이었다가, 주황색이었다가, 분홍색이 된다. 해가 거의 다 떨어져 세상이 분홍색에 다다랐을 때는 현실감이 없어졌다. 날개같이 층 이룬 구름이 진분홍 하늘을 장식했다. 날개 구름은 땅과 맞닿은 곳에서 반대쪽 날개를 그린다. 발밑에 또 다른 내가 발맞춰 걷는 세상. 잦아든 빛과 시간을 따라 위아래 구분도 모호해지고 공간 개념도 점점 흐릿해졌다.

'하늘과 땅이 분홍인 적이 있었던가?'
세상이 낯선 색으로 덮였다. 오묘한 감정이 피어오른다. 하늘과 땅에 대칭을 이룬 구름 날개가 감각을 혼란하게 한다. 뇌가 이성의 끈을 놓지 않기 위해 노력한다. 장화 발로 물을 첨벙거리며 어디까지가 땅인지를 확인했다.
'오기를 잘했네.'
남들이 왜 '물찬 우유니, 물찬 우유니' 노래를 부르는지 이해했다. 이름난 장소에 이유 있긴 하더라. 정녕 이름값 하는 여행지가 맞았다. 우유니에서 갈비뼈 시린 두 밤을 버틴 것은 이 두 시간을 위해서였다. 어떤 말로도 형용이 안 되는, 시공간이 일그러지는 경험. 죽기 전에 다시 한번 겪어 보고 싶다.

여행에서 돌아오면 아름다운 찰나만 기억에 남지만 사실 이동 시간, 기다리는 시간이 더 길다. 그런데도 집에 오면 막상 고생했던 순간은 잘 기억나지 않는다. 그 힘들던 과테말라 역시 결국은 그럭저럭 괜찮은 추억이 되었다. 너무 춥고 길던 밤보다 비현실적으로 아름다웠던 우유니에서의 두 시간이 더 강렬한 것도 그렇다. 여행에서 얻은 추억 떠올리며 현생 살아갈 힘을 얻는다. 인생도 마찬가지 아닐까? 긴 인내 끝에 달콤한 열매가 떨어질 것이다. 한 조각의 열매를 맛보며 우리는 내일을 살아갈 힘을 얻는다.

'그렇게까지 해서 굳이 폭포를 봐야 할까?'

도시가 좋은 사람, 자연이 좋은 사람으로 나눈다면 나는 전자에 가까웠다. 그런데도, '이과수 폭포'는 왠지 가보고 싶었다. 계절상 남쪽으로 더 내려가기 어려워 이번 여행은 아르헨티나 '부에노스아이레스'에서 마칠 계획이었다. 부에노스아이레스는 아르헨티나 남쪽에, 이과수는 완전 동쪽에 있다. 지내던 살타에서 이과수를 들렀다 부에노스아이레스로 넘어가는 일은, 서울에서 강릉 들렀다 부산으로 내려가는 경로와 비슷하다. 문제는 아르헨티나 땅덩이가 워낙 크다는 사실이다. 우선 살타에서 이과수까지 가는 데만 버스로 25시간 정도 걸린다. 그 사이 버스는 세 번 갈아타야 하고.

중남미를 육로로 여행하며 버스라면 참 많이도 탔지만, 하루 이상 버스에서만 보내기는 처음이었다. 멘탈을 무장하고 먹거리도 보조 배낭 가득 장전했다. 노트북 배터리도 완충해뒀다. 버스 시간이 무지막지한 건 버스 회사도 아나 보다. 중간에 간식과 밥을 줬다. 기내식같이 일회용 식판에 담긴 샌드위치와 과자, 음료수를 먹고 영화 보고 자다가 풍경도 좀 쳐다봤다. 아르헨티나 버스는 남미 여느 나라 버스보다 고급스러웠다. 좌석을 뒤로 180도 가까이 젖히고 누울 수 있어, 허리는 덜 아프다. 먹고 앉아서 눈알만 껌벅이는 시간. 비행기만큼은 아니지만, 이 역시 고급스러운 사육처럼 느껴졌다. 나는 가끔은 멍청하게 앉아서 주는 것만 받아먹으며 창밖 구경하는, 이런 시간도 좋았다.

'남미는 시작부터 끝까지 버스구나.'

달리고 달려도 끝이 안 난다. 아르헨티나 국토를 버스로 거의 종단하는 중이다. 언제 내리나 싶어 조바심낼 때 말고, 사육에 완전히 적응했을 때쯤 '이 과수'에 도착했다.

하루 쉬고 다음 날 폭포를 보러 갔다. 아프리카 잠비아에서 빅토리아 폭포를 봤다. 그때는 건기라 수량이 적었다. 긴 낙차가 만들어 내는 힘은 대단했지만, 절벽 전체가 폭포수로 덮인 건 아니라 약간 아쉽기도 했다. 이과수 폭포는 입구부터 북미, 유럽 관광객이 가득했다. 그 덕에 인프라도 잘 닦여 있다. 입구부터 매표소와 공원 내 구석구석이 테마파크처럼 일관성 있게 관리되는 중이다. 매표소에서 전망대까지 꼬마 기차를 타고 이동했다. 빅토리아 폭포에서 산길 걸어 내려가다가 침팬지 만났던 때와 비교하면……. 천지개벽이다. 꼬마 기차 옆자리로는 미국인 가족이 앉았다. 미국 꼬맹이가 쉴 새 없이 조잘댄다. 진짜 놀이공원이라도 온 것 같다. 빅토리아 폭포보다 훨씬 가까운 위치에서 폭포를 구경할 수 있다. 물론 그 전망대에 가려면, 그늘 한 점 없는 강 위 다리를 20분 동안 걸어가야 하지만. 시끄러운 소리가 들리면 거의 다 온 것이다.

기막힌 위치에 전망대 만들어 뒀더라. 잔잔하게 흐르던 물이 수직으로 쏟아지는 지점에 전망대를 꾸며뒀다. 이름하여 '악마의 목구멍'을 바로 위에서 내려다볼 수 있다. 물방울이 튀어 얼굴을 적신다. 윤기 나게 흐르던 초록색 강물은 둥그런 악마의 목구멍에서 망설임 없이 떨어진다. 구멍으로 물이 빨려 들어가는 모습은 비슷하지만 매 순간 달랐다. 전 세계에서 온 관광객이 이 전망대 위에 서서 감상을 나눈다. 혼자 온 나는, 내게 와 닿은 에너지 나눌 사람이 없어 그저 바라보기만 할 뿐이다. 볼 만큼 봤는데도 발걸음이 떨어지지 않았다. 계속 더, 더 보고 싶었다.

'뛰어들고 싶다?'

　문득 악마의 목구멍으로 뛰어들고 싶다는 마음이 들었다. 고개를 좌우로 흔들어 이상한 생각을 떨쳐냈다. 폭포 보다가 뛰어들어 자살하는 사람이 있다고 한다. 순간, 그 기분을 이해했다. 노래 듣는 건 좋아하지만 부르는 건 즐기지 않는다. 악마의 목구멍 위에서 문득 노래가 떠올랐다. 가수와 작곡가들이 찾아 헤매는 '영감' 같은 걸 순간 느꼈다. 인디 여가수가 부를 법한, 잔잔하지만 상큼한 멜로디가 머릿속을 채웠다. 도저히 참을 수가 없어 입으로 부르기 시작했다. 어차피 시끄러운 폭포 소리에 가려져 남에게는 들리지도 않을 테다. 떠오르는 노래를 마음껏 불렀다. 이런 경험, 처음이자 마지막이었다. 순간 물이 주는 힘에 미쳤던 것 같다. 산과 물이 있는 곳엔 '미친 사람'도 많다고 했다. 왜 '도 닦는 사람'도 폭포 밑에서 정진하잖아? 말로 형용하기 어렵지만, 그 때 나는 떨어지는 물이 뿜어내는 그런 종류의 에너지를 느꼈던 것 같다. 다음에 가도 똑같을까? 그게 궁금해 죽기 전에 이과수는 꼭 다시 한번 가보려 한다.

　의외로 물 앞에서 솟구치는 폭발적인 감정에, 다음 날 브라질 쪽 이과수도 구경하기로 마음먹었다. 강을 경계로 아르헨티나, 브라질, 파라과이 국경이 갈린다. 강 건너 잠깐 브라질 땅으로 넘어가, 다른 방향에서 폭포를 보고 돌아올 수 있다. 아침은 아르헨티나에서 점심은 브라질에서, 저녁은 아르헨티나에서 먹기를 시도했다. 간소한 출입국 절차를 거치고 브라질 쪽 매표소에 도착했다. 아르헨티나 꼬마 기차에 질세라 여기는 이층버스로 관광객을 태워 나른다.

　아르헨티나 악마의 목구멍이 '집중'이라면 브라질 측 전망대는 '관망'이다. 폭포를 멀리서 전체적으로 보는 산책로를 꾸며뒀다. 산만큼 넓게 펼쳐진 폭포가 눈에 들어왔다. 자연 절벽이 깎아내다 만 계단에서 물이 전체적으로 꺾였다. 폭포가 강물과 다시 만나는 지점에는 역시 큰 무지개가 떴다. 브라질 측 전망대도 대단했으나 전날 같은 감동은 없었다. 내게는 관망보단 집중이 매력적이었다.

'사람 살아가게 하는 힘' 혹은 '사람이 살아가는 이유'는 무엇일까? '태어있으니 산다'라고 단순히 답하고 치우기에는 '죽는다'라는 선택지도 있다. 자각하고 있든 아니든, 우리는 목표를 가지고 살고 있었다. 안정된 삶을 살고 싶은 목표, 인정받고 싶어 하는 목표, 돈 많이 벌어 편히 살고 싶은 목표, 사랑하고 사랑받고 싶은 목표, 오늘 퇴근하고 후라이드 반 양념 반을 시켜 먹고 싶은 목표.

목표를 가지고 산다는 사실은 잊을 수 있지만, 그 목표까지 흐릿해지는 순간에 누군가는 삶의 끈을 놓는다. 밥을 못 먹어서 죽는 것이 아니고, 살아갈 이유가 보이지 않을 때 삶을 포기하고 싶어졌다. 대가의 정성스러운 붓 터치가 응축된 걸작 그림을 볼 때도, 수 세기 거뜬히 버텨온 건축물 앞에서도 만날 수 없었던 살아갈 이유를 자연 앞에서 느꼈다.

자연은 계산하지 않고 중력 따라 오직 쏟아져 내릴 뿐이었다. 뜻하지 않게 이 세상에 태어난 우리. 아무리 날고 기어봤자 백 년 뒤면 흔적조차 곧 흐릿해질 존재일지도 모른다. 너무 먼 미래까지 계산하며 고통받을 필요가 있을까? 직면한 문제를 매 순간 진심으로 해결해 나가는 일. 그게 신이 우리에게 부여한 유일한 소명일 수도 있겠다. 그러다 보면 끝에는 우리도 무지개를 피울 수 있을지, 혹시 아는가?

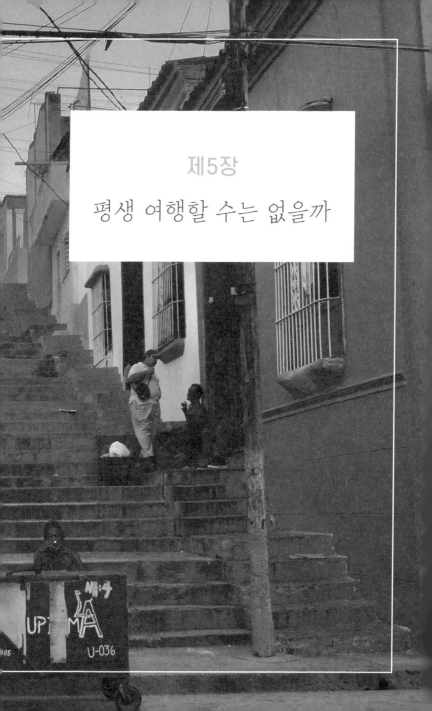

제5장

평생 여행할 수는 없을까

하고 싶은 일을 발견했다. 매 순간 가슴이 뛰고 '살아있다'를 느끼게 하는 일. 이대로 평생 떠돌며 세상 구경만 할 수는 없을까? 2014년, 우연히 유럽으로 첫 배낭여행을 떠났다. 이듬해 아프리카, 그다음 해엔 중남미. 이후 인도, 스리랑카, 몰디브, 중국 등으로 시간 될 때마다 여행했다. 왜 그렇게 떠나고 싶었을까? 새로운 곳을 구경하는 재미에 정신이 팔려 그 이유는 한참 뒤에야 깨닫게 되었다.

인도 타지마할에서 한국인 선교사를 만난 적이 있다. 오랜 여행으로 꾀죄죄하게 탄 나를 보고 인도 북부 소수민족인 줄 알았다고 했다. (인도 민족의 주류를 이루는 아리아족, 드라비다족 외에도 인도 북쪽에는 동북 아시아인처럼 생긴 민족이 산다) 나는 자유 여행객으로, 선교사는 인도에 여행 온 한국인 신도들의 가이드로 타지마할에 왔다. '혼자 여기까지 오고 씩씩하다'며 나중에 자기가 사는 도시에 오면 밥이라도 한 끼 하자고 했다.

조드푸르에서 선교사를 다시 만났다. 식사하는 동안 나에 대해 선교사가 물었다.

"왜 여행만 다녀?"

"여행이 좋아서요. 그냥 제일 좋아하는 취미예요."

"집안에 안 좋은 일은 없나? 부모님이 사이가 안 좋으신 건 아니고? 부모님은 두 분 다 살아계시니?"

선교사는 내게 어떤 문제가 있어 방황하는 중이라고 추측한 것 같다. 남이 뭐라고 생각하든 상관없지만, 계속 그런 쪽으로만 대화가 흘러가니 기분 나빴다. 그와는 오래 이야기 나누고 싶지가 않았다.

당시 난 세계를 누비며 다양한 체험을 하는 중이라 생각했다. 그 선교사 눈에는 내가 다르게 보였나 보다.
'무엇인가 불만이 있어 방황 중인 청년.'

지금 생각하니, 그 선교사의 추측도 영 틀리지만은 않은 것 같다. 계속 떠나고 싶던 이유는 집에 우환 있어서가 아니라, 내 마음에 우환이 있어서였다. 일단 집 떠나면 내 안 상념에서도 멀어졌다. 그때의 나를 보고 누군가는 단순히 문제를 회피하려 떠난 게 아니냐고 물을 수도 있겠다.

달리는 자전거 위에서 신발 끈이 풀려 나풀거리는 것을 봤다면 어떻게 해야 할까? 달리며 신발 끈도 묶을 수 있을까? 두 발로는 페달을 굴려야 하고 손은 핸들을 꽉 쥐어야 한다. 저 멀리 보행자 신호 색깔도 봐야 하고, 기어도 바꿔 줘야 한다. 곁눈질로 신발 끈이 풀린 것을 알아채긴 했지만, 멈추기 전에 다시 끈 매기란 쉽지 않다. 신발 끈 따위 중요치 않다고 생각하고 페달을 일단 밟아댄다면 긴 신발 끈이 체인에 빨려 들어가 위험한 순간이 생길지도 모른다.

내게 여행은 잠깐 길 한쪽에 자전거 세우고, 끈 한번 다시 예쁘게 묶어보는 시간이 되어줬다. 마구잡이로 휘날리던 끈나풀을 정돈해 균형 잡힌 리본으로 묶어내고 나서야 다시 페달을 밟을 수 있게 되었다. 일상에서 벗어나 멀리서 내 문제를 바라보고서야 다시 삶을 살아갈 용기를 얻었다. 멈추고 신발 끈 묶는 동안, 나도 모르는 성장이 조금씩 일어났나 보다. 골치 아픈 문제에서 벗어나러 떠난 길이었는데, 그 길 위에 의외로 해결책이 있었다.

혼자 길 떠나는 시간을 통해, 한번 내 문제를 먼발치에서 바라볼 기회를 가졌으면 좋겠다. 어쩌면 괴로운 문제들은 저절로 해결될 수도 있다. 단단해져 돌아와 바라보니, 나를 흔들던 문제는 의외로 별것도 아니게 느껴질 수도 있고.

이런 새수 없는 말을 하는 나는 그래서 여행길에서 무엇을 배워왔을까? 도난을 당한 적도, 아찔한 순간도 있었다. 그래도 늘 몸 건강히 인천공항으로 돌아와서 좋아하는 짬뽕을 한 그릇 들이켰다. 많은 문제를 스스로 해결하며, 누구도 직접 해주지 않은 내 칭찬을 내게 해줬다.

여행 후 삶에 임하는 태도가 많이 변했다. 능력치 이상을 꿈꾸며 아등바등 사느라 항상 스트레스받았다. 이루면 행복할지 확신도 없는 목표를 세워 놓고 이루지 못하면 나를 탓했다. 그 목표와 가까워질 수 없을 것 같다면 아예 시도조차 하지 않았다. 삶이 불행했다. 우물 안에서만 보고 들어서 다른 길을 찾을 줄도 몰랐다.

여행길에서 다양한 세상과 살아가는 여러 모습을 봤다.
'기대한 목표가 실은 허상일 지도 모른다.'
어차피 내가 세운 목표가 아닌 사회가 요구하던 목표였다.

'운명이면 함께하게 되겠고, 그렇지 않으면 멀어지겠지.'
굳이 매달리지 않고 흘러가게 두는 법을 배웠다. 몇 년간 앓던 위경련에서 벗어났다. 무던한 편인 줄 알았다. 제대로 나를 들여다보니, 사람과 관계에서 스트레스 잘 받는 무척 예민한 성격이었다. 그 정도로 나에 대해서는 무지했다.

부수적으로 평생을 씹을 추억거리를 쌓아 왔다. 버스, 기차, 비행기 모두 놓쳐 봤다. 비행기를 놓치면 하늘이 무너지는 것 같다. 정글의 대장, 침팬지에게 눈빛으로 빌고 빌어서 살아 돌아왔다. 몰디브에서 스쿠버다이빙하며 빙글빙글 도는 상어 다섯 마리와 바닷속을 암흑천지로 만들 만큼 큰 만타 가오리도 봤다. 쿠바에서 만난 대만인 여행자와 친해져, 대만 놀러 갔을 때 다시 함께 여행하기도 했다. 이집트에서 세상에서 제일 예쁜 여자가 너라며 결혼하자는 이야기를 하루에 한 번씩 들었다. (물론 모두 진심이 아니며, 누군가에게는 단순히 기분 나쁜 일일 수 있다.) 스페인 음식 '먹물 빠예야'를 먹으면 이 사이에 까만 먹물이 낀다. 먹물 빠예야 먹고 다른 사람 앞에서 활짝 웃으면 큰 웃음 줄 수 있다는 사실을 알았다. 아프리카 여행은 남아프리카 공화국 케이프타운에서 마무리하면 좋겠다고 생각했다. 유럽과 엇비슷한 인프라를 즐기며 고단했던 아프리카 여독을 풀 수 있다. 아르헨티나 소고기는 이름값을 했다. 물 건너오며 비릿해진 수입고기와는 천지 차이였다.

평생 여행만 하고 싶다고 생각한 순간이 있었다. 지금은 꿈이 바뀌었다. 삶을 규칙적으로 굴려줄 직업과 사랑하는 사람들과 함께 더 멋진 인생을 살고 싶다. 여행은 항상 갈망하는 취미로 남길 테다. 아직도 가고 싶은 곳이 많다. 카리브해의 작은 섬나라들, 서아프리카 문화권. 여행지에서 만난 친구의 나라들. 죽기 전에 북극곰을 만나는 것도 꿈이다.

'여행은 돌아올 곳이 있기에 멋진 일이다.'

배낭에 모든 것을 담아 몇 달간 떠돌다 내 방 침대에 누운 밤. 이제는 복대를 차지 않아도 된다는, 짐을 아무렇게나 던져놔도 된다는 사실이 어색했다. 가장 편안한 공간에 누웠는데 어째 기분이 싱숭생숭하다. 이 공간에서도 며칠 지내다가 또 떠나야 할 것 같은 기분이 든다. 혼자라 주로 게스트하우스에서 묵었었다. 싸서 좋지만, 여러 명이 공유하는 공간이라 도둑맞을 가능성이 있다. 중요한 물건 담은 보조 가방은 머리맡에 두고, 더 중요한 돈 담은 복대는 배에 두르고 잤다. 외출할 때는 배낭을 자물쇠로 이리저리 잠그거나 사물함에 넣었다. 혼자 쓰는 숙소를 구해도 무작정 마음 편하게 지내진 못했다. 못사는 나라에서는 외출한 사이에 직원이 방을 뒤지는 예도 있다고 하여, 항상 최소한의 방어는 해뒀다. 이런 경계가 필요 없는 첫 밤. 당연한 일이 낯설다. 세상을 떠돌며 '적응력'만 키우고 왔기에 또 금방 적응하리라 믿어본다.

부쩍 성장한 적응력과 더불어 또 하나 달라진 점은 '남 눈치를 덜 보게 되었다'는 사실이다. 남에게 피해 주지 않는 선에서, 내게 편한 대로 행동하게 되었다. 추우면 어울리지 않는 옷이라도 다 걸쳐서 추위를 막는 것이 우선이 되었다. 의무적으로 하던 화장도 원할 때만 한다. 생각보다 남들은 나에게 관심이 없다는 걸 알았다. 남을 기쁘게 하는 것보다, 필요하고 보람 있는 일에 에너지를 쏟는다. 일상을 살아내며 겪는 피로도는 낮아졌고 만족도는 조금 더 높아졌다.

물욕도 많았다. 소모적 소비로 스트레스를 풀었다. 여행할 때도 제 버릇은 바로 못 고쳤다. 몸무게가 55kg이었는데 배낭 무게가 25kg까지 찍히는 것을 봤다. 앞으로 매는 보조 배낭 무게까지 합치면 몸무게 절반도 넘는 무게를 지고 다녔다. 배낭을 어깨 힘만으로는 지탱할 수 없었다. 배낭 허리끈으로 골반에 짐을 꽉 조여 매고서야 일어날 수 있었다. 별다른 운동도 안 했는데 이땐 상체 근육이 두꺼워졌다. 가방이 너무 무거워서 버스 선반 같은 곳은 내 힘으로 올리지도 못했다. 매번 남에게 부탁해 내 짐을 올리고 내렸다. 아주 공들여 짐 싸지 않으면 아무리 꾹꾹 눌러도 배낭 버클이 잠기지 않았다.

'뭔가 잘못되고 있다.'

물건을 버리기 시작했다. 다음에 쓸 일 있을지도 모른다고 대뇌이며 보부상처럼 싸 들고 다녔다. 한참 동안 안 쓸 물건은 다른 여행자에게 나눠주고 필요할 때 다시 사는 것도 괜찮았다. 요리 재료도 한 숙소에서 쓸 만큼만 구매하고 남기지 않으려 노력했다. 그런데도 사실 다른 여행자에 비하면 짐이 컸다. 짐 적은 사람이 제일 부러웠다. 1년도 넘게 여행하는데 책가방만 들고 다니는 사람도 봤다. 짐이 8kg이 안 돼서 저가 항공을 타도 짐 추가할 필요가 없다고 했다. 물론 맥시멀리스트에 가까웠던 내가 '무소유' 단계까지는 발전하지 못했다. 그래도 이전과 비교하면 늘 떠날 준비 된 여행자에 가깝게 살려고 노력한다.

돌이켜 보면, 초창기 여행은 고행에 가까웠다. 하루가 얼마나 바빴는지. 지금 들으면 어이가 없다. 첫 해외여행. 보고 싶은 것, 먹고 싶은 것, 하고 싶은 것이 너무도 많았다. 하루도 허투루 보낼 수가 없었다. 물론 만족도 컸다. 계획대로 해내는 스스로가 대견했고 짧은 시간에 많은 것을 봐서 기뻤다. 언젠가, 그 만족보다 계획으로 인한 스트레스가 더 커지기 시작했다.

'일주일에 이틀 휴일이 있는 이유가 있지 않을까? 여행도 좀 쉬면서 해야

겠다.'

　매일 쉬지를 않으니 피로가 누적됐다. 일주일에 하루 이틀은 그냥 쉬기로 마음먹었다. 마트에서 사 온 식자재로 먹고 싶은 것만 해 먹고 숙소 침대에서 뒹굴거렸다. 집에서 일요일에 쉬는 것처럼 핸드폰만 들여다보고 정 심심하면 동네 한 바퀴 돌기도 했다. 유명 관광지에서 여행의 이유를 찾을 수 있을 줄 알았지만, 의외로 흘려보내는 시간에서 더 많이 배웠다.

　쿠바 '산티아고 데 쿠바'에서 쉬던 날이었다. 아침을 챙겨주지 않는 숙소다. 빵 사러 어제 봐 둔 집 근처 제빵소에 갔다. '빵집'보다는 '빵 공장'에 가까웠다. 생긴 모습은 바게트를 닮았지만, 옥수수 식빵처럼 푹신한 빵이 쉴새 없이 구워져 나왔다. 빵 식히는 선반은 이미 만석이다. 아침거리 사러 온 아줌마들은 긴 빵을 몇 개씩이나 사 갔다. 나는 딱 하나면 된다. 빵 하나가 2L 음료수보다도 길고 두껍기 때문이다. 며칠은  잘라 먹어야 할 것 같다. 집에 오는 길에 행상이 'Queso(치즈)'하고 외치는 소리를 들었다. '께소'라는 단어는 멕시코 여행에서 익혔다. 빵에 치즈도 발라먹으면 좋겠다 싶어 한 묶음을 샀다. 이름 모를 크림치즈를 빵 한 쪽에 바르고 전에 사 둔 토마토도 슬라이스 해 넣었다. 가방 속에 늘 네스카페 인스턴트커피를 넣고 다닌다. 샌드위치와 커피로 '야매 브런치'가 완성되었다. 쉬는 날이지만 새벽부터 나와서 열심히 빵을 굽는 직원, 한 줄만 사가는 이방인에게도 웃어주는 빵 가게 주인, 목이 터지라고 외치며 치즈 파는 상인을 만났다. 동전 몇 개로 간편하게 아침을 즐길 수 있는 건 새벽부터 고생한 누군가의 노고 덕이구나. 인터넷 없는 쿠바에서는 강제로 생각이 많아진다. 토마토 치즈 샌드위치를 씹으며, 바쁜 아침이었다면 생각하지 못했을 주제까지 생각이 미쳤다.

쿠바에는 냉전 시대 아이스크림 수입이 어렵게 되자, 독자적으로 개발해 낸 아이스크림 브랜드가 있다. 개발 당시엔 '배스킨라빈스'를 이기겠다는 포부였댔다. 그 아이스크림 가게가 숙소와 가까워서 매일 들렀다. 작은 공원 전체가 아이스크림 상점이다. 아기자기하게 관리되는 가로수와 공원 곳곳에 놓인 빨간 테이블과 초록 의자 조화가 인상적이다. 모든 직원은 하얀 요리사 모자를 쓴 유니폼차림이었다. 공원 전체가 간식 위한 테마파크 같다. 휴일에도 이곳 아이스크림은 먹어줘야 했다. 여기는 현지인 화폐를 받는다. 가격은 몇백 원 수준. 두 스쿱부터 시작해 점점 큰 메뉴에 도전했다.

오늘은 휴일이니까, 제일 비싼 메뉴에 도전해야겠다. 아이스크림 대여섯 덩이를 쌓고 쿠키를 토끼 귀처럼 두 개 꽂아주는 메뉴를 시켰다. 쿠바처럼 아이스크림도 뭔가 물 빠진 맛이다. 배스킨라빈스의 강렬한 단맛에는 한참 못 미친다. 우유 맛도 희미, 단맛도 희미하다. 이 빛바랜 쿠바 같은 아이스크림에 중독되었다. 현지인들에게는 최고의 데이트 코스, 나들이 코스인가보다. 한 접시를 사이좋게 나눠 먹는 커플, 빨리 달라고 성화 부리는 아기를 데려온 가족, 머리가 하얀 노부부가 보였다. 아이스크림 공원에서는 모든 것이 평온하다. 쿠바의 더위도 이 안에서는 한 수를 접는다. 커플은 커플대로, 아기와 함께 온 부

부는 아기와 함께, 노년의 부부는 그 둘만으로. 이 공원 속 모두가 행복해 보였다. 아이스크림 한 그릇을 두고도 하하 호호 웃을 수 있는 사람들. 수백만 달러를 쥐고도 더 많은 것, 더 높은 곳을 원하며 자신과 남을 갉아먹는 사람보다 그네들이 훨씬 부러워 보였다.

  멋진 관광지, 작품, 건물, 자연은 자체로 독특한 영감을 줬다. 동시에, 멈춰선 일상에서 천천히 눈에 들어온 것도 그 못지않은 가르침을 줬다. 늘 특별할 수는 없다. 눈에 띄지 않는 곳에서 묵묵히 노력하는 사람을 만나고, 당연함을 넘어선 고마움을 느꼈다. 현재를 즐기며 살 줄 아는 사람들에게 '오늘을 사는 법'을 배웠다. 멈춰선 하루에서, 돌아와 열정적으로 살아갈 힘을 얻었다.

　설마 여기까지는 원숭이가 안 오겠지 싶어 비닐봉지에 과일을 담아 달랑달랑 흔들며 걷다가 결국 원숭이에게 과일을 빼앗기고 만 일, 활짝 웃는 얼굴에 눈 뜨고 코 베인 일, 당황스러운 상황에서 누군가가 대가 없는 도움을 준 일, 앞 비행기가 연착되어 환승 비행기를 놓쳤는데, 환승 편은 일아시 끊어기라던 일, 길 가다가 낯선 소녀의 집에 초대되어 차 마시고 이야기 나누다가 온 일, 마음 잘 맞아 같이 여행하다가 결국은 목적지가 달라 헤어진 일, 비슷한 가치관을 지닌 마음 잘 맞는 이성과 사랑에 빠졌던 일.

　일상에서 이런 일이 일 년에 몇 번이나 있을까? 여행길, 평소 자주 겪기 힘든 일이 하루에도 몇 번씩 일어난다. 해결할 사람은 자신뿐이다. 누가 떠민 여행길이 아니기에, 결과도 감내해야 한다. 여러 문제에 직면해 보고 빠르게 해결해 보며, 긴 인생에서 있을 만한 사건들을 요약적으로 경험해 볼 수 있다.

　콜롬비아 '살렌토'에 갔을 때다. 살렌토는 안데스산맥 중턱에 위치해 선선한 기후를 자랑한다. 커피 기르기 좋은 마을이다. 케냐, 에티오피아, 과테말라와 비교될 만한 세계적 커피 산지라 커피 애호가라면 잠시 멈추어 쉬기 좋다. 마을은 작지만 평화로워 보이고 곳곳에 커피 냄새가 가득하다. 이런 도시는 대단히 볼 게 없어도 시간이 잘 갔다. 부부가 운영하는 작은 숙소에서 묵었다. 매일 아침 간단한 빵과 과일, 갓 내린 커피를 줬다. 남편은 커피 농사를 짓는데, 그 농장에서 가져온 원두로 커피를 내려줬다. '핸드드립'하면 왠지 전용 그라인더, 드리퍼로 앞치마 두른 바리스타가 내려줘야 할 것 같다만, 현지 사람들은 그냥 가정용 믹서기에 그날 마실 원두를 갈더라. 계량도 필요 없이 가루를 톡톡 필터에 털어 담았다. 주전자로 뜨거운 물을 부어가며 커피를 내린다. '이 원두는 향이 어떠니~' 하는 긴 설명 없이도 까만 물에서 오렌지 향, 꽃 향, 초콜릿 향이 느껴졌다. 뭐든 '산지 음식'이 그래서 좋나 봐. 남편이 손수 내린 커피를 큰 보온병에 담아두면 숙소 사람들은 오가면서 언제든 커피를 마셨다. 그 커피 맛이 훌륭해 그 숙소를 떠날 수가 없었다.

커피 농장도 구경해 볼 수 있다고 했다. 부인에게 커피 투어로 유명한 농장을 물었다. 한 곳을 추천해 줬다. 유명하다니 혼자 가도 무리 지어 온 다른 팀에 껴서 설명을 들을 수 있지 않을까 하는 기대로 농장을 찾아갔다. 부인 설명과는 달리 농장 입구에는 아무도 없었다.

'여기 맞아?'

혼자 바닥을 구르며 놀고 있던 새끼 고양이 한 마리만 나를 반겼다. 인기척을 듣고 할아버지 한 명이 문을 느긋하게 밀며 나왔다.

"혼자 왔어?"

"네……. 혼자 왔는데 커피 농장 투어 가능할까요?"

"왜 안 되겠어! 기다려 봐! 후안!"

할아버지의 호통에 손자가 부리나케 튀어나왔다. 까치집 머리에 무릎 나온 바지 차림으로 봐서 조금 전까지 누워있던 게 틀림없다. 어쨌든 그 후안과 함께 농장 구경을 시작했다.

"우리 농장은 비료를 쓰지 않고 옆에서 키우는 파인애플 껍데기를 발효시켜서 거름으로 줘요. 농약도 안 칩니다."

비록 방금까지는 농땡이 치고 있었던 것 같지만, 영어가 나름 능숙한 손자는 농장 일에 자부심이 넘쳤다. 나무에 달린 하얗고 작은 커피 꽃, 초록빛 커피 열

매가 귀여운 빨간색 열매로 점점 익어가는 모습을 한참 동안 구경했다. 생두는 무슨 맛일까 싶어 빨간 커피체리를 따 과육 털어내고 씹어도 봤다. 커피 맛과는 거리가 멀었다. 손자가 로스팅 과정도 보여줬다. 생두와 과육을 분리하고 껍질 날린 뒤 볶아야 우리가 아는 커피 원두가 완성됐다. 투어 마지막에 커피도 한 잔 내려준다. 여기는 한술 더 떠 종이 필터도 아닌 스타킹에 커피를 내렸다. '발에 신는 스타킹' 맞다. 도구는 생소했지만, 맛은 훌륭했다. 연장보다는 기술과 재료가 중요하다는 증거였다.

어느 날은 살렌토에서 약간 떨어진 곳에 있는 '코코라 언덕'에 갔다. 안데스 산맥 따라 가볍게 걸으며 맑은 공기 마시고 올 수 있는 곳이다. 인원이 모이면 바로 출발하는 현지 버스를 탔다. 이스라엘 청년, 인도 출신 미국인 아저씨, 나 그리고 현지인들이 한 차를 탔다. 목적지가 같은 이스라엘 청년, 미국인 아저씨와 오늘 하루를 함께 걷기로 했다. 코코라 언덕에 도착하니 기다란 야자수 나무가 하늘에 박혀있는 별처럼 계곡 전체에 높게 솟았다. 고지대의 흐린 날씨와 흔들리는 커다란 야자수가 코코라 언덕만의 청취를 연출했다. 계곡 따라 걷고 얕은 개울도 뛰어넘었다.

인도 출신으로 군 복무 통해 미국인이 된 아저씨는 '미국인'이라는 자부심에 비해 저렴한 발음이라 대화가 잘 되었고, 이스라엘 청년은 젊고 생각이 열린 사람이라 잘 통했다. 짧은 산행을 마치고 오두막 카페에서 함께 커피를 한 잔 마셨다. 관광객 상대로 영업하기에 실내 장식이 멋진 카페였다. 만족스러운 산행과 휴식을 마쳤다고 생각했다. 살렌토로 돌아가는 버스 타려 걸어가는 중, 카페 주인과 종업원이 미친 듯 소리 지르며 우리를 향해 달려왔다.

"야 이 도둑아! 장식품 내놔!"

인도 출신 미국 아저씨에게 훔쳐 간 것을 내놓으라고 소리쳤다.

"무슨 소리를 하는 거야! 미친 사람 아냐?"

인도 아저씨는 무슨 소리냐며 역정을 낸다. 카페 사장이 CCTV 장면을 내밀었다. 카페 선반에 있던 장식품을 인도 아저씨가 가방에 챙기는 장면이 선명했다. 증거를 들이밀자, 한사코 아니라고 큰소리치던 인도 아저씨가 돌변했다.

"얼마 주면 되는데?"

'미안합니다'가 아니라 '얼마 주면 되는데'라니. 함께 걷고 이야기 나누던 친구가 두 얼굴의 도둑놈이었다니. 헛구역질이 났다. 우리 보기가 민망했던지 인도 아저씨가 화장실 간다며 어딘가로 사라지고 말았다. 사람 겉모습만 보고 판단해서는 큰코다치겠다. 사람은 그리 쉽게 믿는 게 아니구나. 평화롭던 코코라 언덕에서 예상치 못한 교훈을 얻고 왔다.

짜증 나는 일만 있었다면 여행이 싫어졌겠지? 의외로 대가 없는 호의를 베푼 의인들이 있어 여행을 무사히 마칠 수 있었다. 이집트 여행 마지막 밤. 내일 비행기를 타고 에티오피아로 넘어갈 계획이었다. 세 명이 쓰는 도미토리를 중국인 아재 1명, 국적 모를 여자 여행자 1명과 함께 썼다. 중국인 아재는 나와 반대 방향으로 아프리카를 여행하는 중이었다. 나는 북에서 남으로 내려갔

고 그는 반대로 올라왔다. 다녀온 곳에 대한 아프리카 최신 정보를 공유했다.

"내일 에티오피아로 넘어간다고? 달러는 충분하지? 앞으로 내려가면 미국 달러가 쓰이는 곳이 많으니 아껴 써야 해."

"나 달러 없는데?"

"에티오피아 도착 비자는 달러로만 낼 수 있는 거 몰라?"

"진짜야?"

아……. 몰랐다. 전 세계 어디를 가도 공항에는 ATM이 있길래……. 에티오 피아도 그럴 줄 알았지. 가져온 달러는 진작 다 썼다. 내일 새벽 공항으로 가야 하는데. 이 시골에서 미국 달러를 구할 수 있을까?

말문이 턱 막혀버린 나를 보고 중국 아재가 잠시 고민을 했다.

"내가 돈을 바꿔줄게."

아저씨도 장기여행 중이라 달러가 소중할 텐데 흔쾌히 돈을 바꿔준다고 했다. 당장 10분 걸리는 ATM으로 달려가 이집트 돈을 뽑아왔다. 아저씨는 국제 환율표를 검색해 한 푼도 더 받지 않고 달러와 이집트 돈을 바꿔줬다. 그 아저씨를 만나지 않았다면, 다음 날 에티오피아 공항에 내리자마자 또 얼마나 일이 꼬였을지 상상하기도 싫다. 과연 '따거(형님)'라고 부르고픈 중국인 아저씨다.

떠나보기 전에는 상상도 할 수 없었던 일이 펼쳐진다. 사소한 해프닝부터 여행의 방향을 바꿀 사건까지. 설렘, 떨림, 숨 막힘, 우정, 사랑, 이별, 기쁨, 슬픔, 당황, 짜증, 분노, 만족 등. 수많은 감정을 겪는다. 시련과 극복의 과정을 빠르게 겪으며 다양한 감정을 체험하는 여행. '인생 백신'을 맞는 시간이라고 생각한다. 백신 맞고 면역력을 만들어 간 사람은 살아가며 더 큰 고난이 닥쳐와도 이겨 낼 수 있다. 인생 백신은 자신을 발견하는 것과 더불어 여행이 주는 가장 큰 선물이다.

4. '혼자' 여행해야 하는 이유

혼자 가는 여행. 즐거울 수도 있고 때로는 외롭기도 하다. 대화 나눌 사람이 없기에 혼잣말을 시작할 수도 있다. 스스로와 끝없는 이야기를 나누며 자신에 대해 더 잘 알게 되기도 한다. 혼자 가는 여행길은 그래서 의외로 세상 구경보다 자기 탐구에 가깝다.

부모님으로 대표 될, 타인의 그늘 아래 살던 사람. 자기 주도적인 삶을 경험하게 된다. 숙소 선택에 몇 번 실패할지도 모른다. 곰팡내 꿉꿉한 방이나, 삐걱거리는 철제 침대를 경험하고 주거 환경에서 자신이 포기할 수 없는 조건을 발견할 것이다. 현지의 이름난 음식에도 질리는 순간이 올 수 있다. 요리에 능숙하지 않았어도 내 입맛에 맞는 음식을 만들어보게 된다. 양말과 속옷 세탁할 타이밍을 놓쳐 냄새나는 양말 이틀 연속 신을 수도 있다. 다음날을 미리 준비하는 습관이 생긴다.

꿈꾸던 곳에 어렵게 도착했을 때, 벅찬 감동을 경험하게 될지도 모른다.
'와, 여기 엄청나지 않냐?'
이 한마디 곧바로 나눌 사람이 없다. 그 감동을 나중에라도 사랑하는 사람에게 전해주고 싶다. 감정을 몇 배로 증폭시켜 가슴 속에 담는다. 남들은 별 것 없다던 '에펠탑'을 최초로 마주한 23살의 내가 숨이 턱 막혔듯. 이과수 '악마의 목구멍'에서 이상한 노래가 떠올랐듯. 실제 지도와는 다른 당신만의 도시 지도를 그리고 올지도 모른다. 애정 깊은 장소만 크게 남아 마음의 거리순으로 배열된 지도. 도시를 떠올리면 특정 색이 떠오르기도 한다. 내게 세렝게티는 주황색, 다합 바닷속은 분홍색, 멕시코시티는 선인장 빛 초록색으로 남아있다.

*Pasito a pasito, suave suavecito, Nos vamos pegando poquito
a poquito.*
한 걸음 한 걸음 부드럽고 부드럽게, 우리는 점점 가까워지고 있어.
- 〈Despacito〉, Louis Fonsi.

여행길에서 외로울 때 내게 가장 위로가 되어 주는 친구는 음악이었다. 한 도
시에서 어떤 노래를 주야장천 들으면, 돌아와서도 그 노래 들을 때 그 도시가
떠오른다. 남미 여행 갔을 때, Despacito가 남미 대륙 전체에 붐이었다. 음식
점, 주점, 카페. 어디에 가도 데스파시토가 들렸다. 워낙 자주 듣다 보니 뜻도
모르지만 흥얼거릴 정도였다. 멕시코 친구가 가사 의미를 설명해 줬다. 지금도
데스파시토를 들으면 그 도시 풍경과 친구 얼굴이 떠오른다. 또 탱고를 들으
면 부에노스아이레스 생각난다. 경쾌한 리듬을 연주하는데도 눈물 날 것 같은
음색이 초겨울 회색빛 부에노스아이레스와 닮았다. 스피커에서 구슬픈 반도
네온 멜로디가 들리면 어김없이 부에노스아이레스 길거리가 떠오르곤 한다.

뜻이 맞는 친구를 만나면, 한번 오래도록 이야기를 나눠보자. 늘 나누던 취
업, 학점, 회사 이야기가 아닌 색다른 주제로 대화가 흘러갔다. 멀리까지 혼자
흘러온 사람들은 대부분 나름의 각오가 있었다. 환경, 음악, 건축, 영상 등 한
분야에 조예가 깊은 사람과 대화를 통해 배울 점이 많았다. 필요한 지식은 붙
잡고 그렇지 않은 것은 흘려들으며, 더 나은 사람으로 나아갈 기회다. 만남과
헤어짐에 익숙해지며 나와 맞는 사람을 찾게 될 것이다. 친구로서의 이상형,
이성으로서의 내 이상형을 만나게 될지도 모른다. 그와 어울리는 멋진 사람이

되고 싶어 노력하는 자신이 될 수도 있다.

'나도 퍽 쓸모 있는 인간이구나!'

크고 작은 사고를 혼자 수습하고 돌아온 나, 자신감이 생겼다. 자신에 대한 단단한 믿음은 살아갈 남은 날을 바꿔 놓았다. 이제는 회피하지 않고 들이 받아보는 당신. 미래가 어떻게 바뀔지 모른다. 여행 후, 새로운 인생 목표를 꿈꾸게 될 수도 있다.

나를 아는 이가 한 명도 없고, 나 역시 그 땅에서 아는 사람이 없다. 전 세계 보편 예절과 현지 규칙만 지키자. 시선이 신경 쓰여 바닷가 갈 때나 입을 수 있던 등 파인 원피스 입고 도시를 걷자. 햇볕이 수직으로 떨어져 어깨가 뜨겁다면 엄마의 상징같이 느껴지던 스카프를 숄처럼 감싸보자. 삼시 세끼를 손목시계가 아닌 배꼽시계에 맞춰 먹자. 밖에 하고 나가긴 주책바가지 같아 망설였던 양갈래 머리도 하고 싶으면 땋자. 화장도 귀찮으면 하지 말자. 마음이 행복으로 꽉 찬 사람은 선크림만 발라도 사랑스러움이 얼굴에 배여나온다. 바닷가에서는 쪼리만 신고 살아보자. 바닷가를 떠나는 날 오랜만에 양말 신고 신는 운동화가 거추장스럽게 느껴진다. 옷차림이 변화면 행동도 달라진다. 가방에서 방금 꺼내 주름 가득한 티셔츠를 툴툴 털어 입고도 아무렇지 않을 당신. 일상 속 자신과 다른 모습이 될 준비가 끝났다.

혼자 있는 시간을 견딜 줄 모르는 사람,

혼자 있는 것이 좋지만 지루한 사람,

삶의 목표를 모르겠는 사람,

자신의 취향을 도저히 모르겠는 사람,

타인의 기준에 맞추는데 지친 사람,
삶을 제대로 즐길만한 용기가 없는 사람.

한번은 혼자 짐을 짊어 메고 여행을 떠나자. 가끔 외롭다. 낯선 도시의 밤거리는 두렵다. 누구를 믿어야 할지 혼란스럽다. 하지만 가끔은 일상에서 겪어본 적이 없는 순수한 웃음이 터진다. 점차 혼자만의 시간을 즐기게 된다. 내가 한 말이 다 거짓말이라 해도, 최소한 일상을 지탱해 추억을 한 아름 담아오게 될 것이다.

나는 여행을 통해 견디는 힘을 배웠다. 상처와 아픔을 치유하는 법도 배우고 있다. 떠날 기회가 생긴다면 나는 일말의 망설임 없이 배낭을 짊어질 거다. 혼자 떠나는 여행에서, 나는 삶의 길을 찾는다.

새로운 세상과 자신을 마주할 준비가 된 사람에게 꼭 전하고 싶은 당부가 있다. 여행 준비하는데, 그리고 여행길에서 명심하면 좋은 이야기다.

첫째, 여행자 보험은 꼭 가입하자. 몇 개월치 여행을 대비하는 여행자 보험조차 겨우 10만 원 안팎이다. 과테말라 달리는 버스 안에서 전자제품 파우치가 사라졌을 때, 멕시코에서 식중독에 걸려 현지 병원을 찾았을 때 여행자 보험 덕을 톡톡히 봤다. 여행 중에 아플 수도 있고 아무리 위험에 대비해도 예상 밖 고수(?)에게 당할 수도 있다. 도난 사고가 발생하면 현지 경찰서에 가서 경위를 이야기하고 '폴리스 리포트(Police report)'를 받자. 경찰서에 영어 잘하는 인력이 한 명쯤은 있다. 현지 언어를 잘못해도 그가 당신을 도와줄 것이다. 아파서 병원을 갔다면 영문 진단서를 떼 오자. 영문 진단서를 써 줄 수 없다고 하면 현지 언어 진단서라도 괜찮다. 가입한 보험 종류에 따라 여행 중 혹은 여행 후에 폴리스 리포트와 진단서로 보상을 청구할 수 있다. 잔뜩 경계하면서 다녔는데도 털리면 무척 허망하다. 허비한 시간과 감정을 보상받을 수는 없지만, 돈이라도 돌려받으면 그나마 위로가 된다.

둘째, 여행 가고 싶은 곳을 정했다면, 아무리 '무계획이 계획'이라 읊어도 정보를 찾긴 해야 한다. '도시 이름' 인터넷에 검색한다. 무수한 정보가 쏟아진다. 블로그 혹은 카페에 실린 자세한 소개 글을 읽어본다. 지식이 넘쳐서 문제다. 말 그대로 정보의 홍수다. 원하는 것 다 찾기도 전에 지친다. 대신에, 가이드북 한두 권 읽어보기를 권한다. 인터넷 속 원하는 정보는 모래밭 속 보석과 같다.

분명 존재하지만 골라 가공하기가 힘들다. 시작 전에 진 빼기보다는 코스, 도시별 주의점이 일목요연하게 정리된 가이드북 한 권을 잘 골라 읽어보는 것이 낫다. 물론 큰 틀만 세우고 출발하면 우리의 생존 본능이 나머지를 해결해 줄 것이다. 그리고, 이러면 진짜 더 재미있더라.

셋째, 그래봤자 여행자라는 사실을 잊지 말자. 안전 수칙을 지켜야 한다. 새로운 동네를 얼마간 탐방하고 다녔다고 전문가는 아니다. 혼자라는 사실을 늘 가슴에 새기자. 밤에 돌아다니지 말라는 곳은 가지 말고 위험하다는 동네는 주의해서 다니자. 여권과 현금은 늘 몸에 지니는 것이 좋다. 새로운 도시에 도착하면 정신없으니 가능하면 밝은 시간에 도착하는 교통편을 고르는 것이 낫다. 비상용 카드, 여권 복사본, 현금은 가방 곳곳에 나눠 담자. 특히 돈을 한 바구니에 담으면 절대로 안 된다. 스리랑카에서 며칠 동안 한 숙소에 묵으며 호스텔 스텝들과도 친해졌다고 생각했다.

'이런 곳에서 무슨 문제가 있겠어?'

또 안일한 마음이 생겨나 현금을 전부 담은 봉투를 가방 깊숙이 찔러 넣고 나갔다. 다음 도시에서 현금 봉투를 찾다가 알았다.

'또 당했구나!'

남은 여행 경비가 홀라당 털렸다. 역시 방심하면 사고가 일어난다. 드나들 때마다 해맑게 웃어주던 스태프? 방을 청소해주던 아저씨? 다른 여행자? 누가 훔쳐 갔는지는 알 수 없다. 나를 탓하는 수밖에. 비상용 카드로 현금을 찾아 남은 여행을 마쳤다. 늘 마음을 놓는 순간 사고가 일어났다.

넷째, 초대받지도 않고 남 집에 방문했으면 예의는 지키자. 세상 어디에서나 영어는 통하리라 믿는, 뇌까지 순수한 서양 여행자를 봤다. 아직도 스리랑카가 영국 식민지인 줄 아는지 종업원을 종처럼 부리는 영국 아줌마도 봤다. 스리랑카 사람이 아닌 데도 화가 났다. 김밥천국 가서 영어로 주문받으라고 닦달하는 꼴이다. 호텔이나 관광지 식당을 제외하면 영어가 안 통하는 건 당연하다. 낯선 나라 여행할 때, '인사말, 자기소개, 숫자, 감사합니다' 정도 외워가는 것은 필수다. '얼마에요, 시간이 얼마나 걸려요, 예쁘다'까지 외워가면 여행이 더 풍족해진다. 방문할 국가의 문화적 특징을 알고 예절에 맞게 행동하는 것도 중요하다. 허리보다 맨다리가 더 야하다고 생각하는 이슬람 문화권에서 굳이 핫팬츠 입어 긁어 부스럼 만들 필요가 없다. 누군가에게 종교는 삶의 의미기에, 신전에 갈 때도 절절한 복장이 필요하다. 로마에 가면 로마의 법을 따르자. 자신과 남을 위한 최소한의 예절을 지키자.

다섯째, 사진보다는 기록이 영원하다. 짧게라도 기록을 남기면 좋겠다. 아쉽게도 나 역시 그 점을 간과했다. 멋진 장소에 들어있는 내 사진 남기는 데 더 치중했다. 사진은 많이 남았지만, 상세한 감정과 감동은 점차 옅어졌다. 물론 기록보다 더 중요한 것은 '순간'을 즐기는 자신이다. 순간을 만끽하고 여유가 남는다면 기록하자. 날아가는 글씨로라도 박제해 둔 기억은 영원하다. 인도 여행쯤부터 기록을 시작했다. 기록할 생각도 없었지만, 워낙 화 날 일이 많아 어디라도 풀지 않으면 견딜 수가 없었다. 수첩을 샀다. 12시간 넘는 기차 이동에서 수첩 속 대나무 숲에 열 받는 일들을 적어 내려갔다. 코끼리 똥으로 만든 종이 수첩을 가끔 펼쳐보면 인도에서의 그 분노가 떠올라 다시 머리가 지끈거린다. 기억은 미화되지만, 기록은 영원하다.

마지막으로, 좋아서 혼자 떠난 여행길이라도 매일 행복할 수는 없다. 외로움이 턱 끝까지 밀려와 친구와 전화 한 통만 해도 눈물이 왈칵 쏟아지기도 한다. '여행 슬럼프'라고도 부른다. 보통 나는 여행길에 오른 지 3달쯤 지나면 여행 슬럼프가 극에 달했다.

'혼자 왜 여기 와있는가?'

종종 허무함이 밀려든다. 집으로 돌아가기 혹은 슬럼프 극복하기. 후자를 선택하고 싶다면, 음식과 친구가 해결 방안이 될 수 있다. 인구도 많지 않은데 한국 사람들 참 대단하다. 세계 어느 나라를 가도 한식당이 있다. 그것마저 없다면 꿩 대신 닭으로 중국식당이라노 들른다. 한식당에서 갈비 한 대 뜯고 김치찌개 한 그릇 해치우면 잠시나마 외로움을 잊을 수 있다. 마음 잘 맞는 동행을 찾아보는 것도 방법. 침울한 감정에 빠질 새도 없이 이야기가 이어진다. 외로운 여정에 나를 내던지고 자신에 대해 발견하고자 떠난 길이라며? 이래도 괜찮나? 그래도 버텨야지 계속 여행하지. 마구 날뛰는 감정 기복만 슬기롭게 넘기면 된다. 가슴을 뛰게 할 멋진 풍경을 다시 만나면 언제 그랬냐는 듯 혼자만의 시간을 즐기게 될 것이다. 어찌 되었든 인생도 원래 혼자라는 것 잊지 말자. 손바닥으로 하늘을 가릴 수는 없듯이, 타인으로 외로움을 가릴 수는 있지만 없앨 순 없다. 여행도 인생도 혼자서 즐길 줄 알아야 풍성해지기 시작한다.

우여곡절이 발생할 것이다. 그럴 때일수록 나를 믿고 차분하게 행동하길. 당신은 당신이 아는 것 이상의 능력을 갖추고 있다. 마침내 당신도 행복했으면 좋겠다.

기나긴 여행이 끝났다. 한국 돌아가기 전날 밤. 코끝이 시큰할 만큼 감동적인 순간, 지쳐서 모든 것 그만두고 집으로 돌아가고 싶던 날이 떠오른다. 지난 일과 가방 속 짐. 모두 차곡차곡 정리한다.

이제야 정이 든 낯설던 나라. 떠나는 순간이 왔다. 어설픈 언어로 출국 심사를 마친다. 은근 간단해서 서운한 구석이 있다. 생소한 물건 파는 면세 구역도 구경하다 비행기 시간에 맞춰 탑승구로 간다. 영어로 승무원과 인사 나누고 비행기에 올라탄다. 주어진 자리로 간다.

'이 자리에서 몇 시간만 앉아있으면 한국이다.'

오랜만에 타는 비행기서 누리는 하늘 위 자유시간. 따뜻한 커피 한 잔을 마신다. 돌아간 뒤 이내 미화될 추억을 찬찬히 곱씹는다.

몇 달 만에 한국 땅 밟았더니 인천공항의 위대함이 사뭇 느껴진다. 지난 공항들과 자연스레 비교된다. 서러웠던 'Foreigner' 창구가 아닌 '내국인' 입국 심사대로 당당하게 걸어간다. 가장 편한 한국어로 인사를 건넨다. 문이 열린다. 사랑하는 사람이 문 앞에서 기다린다. 푸드코트로 가 먹고 싶던 음식을 맛본다.

언제가 될지는 모르겠지만, 코로나 19가 끝나면 여행부터 가고 싶다. 어서 자유롭게 떠나는 날이 돌아왔으면 좋겠다. 예상치 못하게 코로나 19가 왔듯 또다시 예상치 못한 순간에 사라지리라 믿는다. 그날을 위해 각자의 자리에서 건강히 버티고 준비하면 좋겠다.

'난 언제나 나를 가장 순수하게 해 주는 곳으로 가고 싶다.'

생텍쥐페리도 이렇게 말했다. 언제나 나를 순수하게 만드는 곳으로 떠나서 원하는 미래, 사랑하는 사람을 발견하기를.

평범한 내가 그랬듯, 처음 혼자 떠날 때 울고 싶을 만큼 두려울 것이다. 낯선 장소에 자신을 던져본다면, 의외의 사실을 발견할 수도 있다.

세상이 마냥 두렵기만 한 곳은 아니라는 것.

당신은 새로운 곳에서 마음 잘 맞는 친구를 발견할 수 있다는 것.

어떤 문제든 해결해 낼 저력이 있다는 것.

여행길에서 한껏 자유롭게 살던 나. 돌아가서도 그 자신감이 유지될 줄 알았다. 알라딘 바지 입고 커피숍에 갈 수 있을 줄 알았고, 인도 커리는 오른손으로 섞어 먹을 수 있을 줄 알았다. 남의 시선 따위 신경 쓰지 않고 오직 나만을 위해 사는 삶이 계속될 줄 알았다.

지금은 다시 평범한 사회 구성원이 되어 살아가고 있다. 경험이 부족했던 여행 전의 나, 무엇이든 마음 가는 대로 행동하며 즐기던 여행에서의 나. 둘이 섞여 그 중간 어딘가쯤의 새로운 내가 되었다. 중간 어딘가쯤의 나는 남을 배려하지만 남을 위해 살지 않는다. 내 취향을 잘 알아서 다양한 방법으로 자신을 기쁘게 해준다. 멍 때리는 시간을 낭비로만 생각하지는 않는다.

다른 사람 없이 혼자 경험하고 발견하고 누리는 기회를 놓치지 말자. 수많은 감정을 느끼고 살아갈 이유를 발견하는 시간. 하루빨리 여행이 우리에게 되돌아 왔으면 좋겠다.

연애보다, 여행

초 판 1 쇄 2021년 3월 25일
지 은 이 오수정
펴 낸 곳 하모니북

출 판 등 록 2018년 5월 2일 제 2018-0000-68호
이 메 일 harmony.book1@gmail.com
전 화 번 호 02-2671-5663
팩   스 02-2671-5662

ISBN 979-11-89930-82-0 03990
ⓒ 오수정, 2021, Printed in Korea

값 17,600원

이 도서의 국립중앙도서관 출판예정도서목록(CIP)은 서지정보유통지원시스템 홈페이지(http://seoji.
nl.go.kr)와 국가자료공동목록시스템(http://www.nl.go.kr/kolisnet)에서 이용하실 수 있습니다.

색깔 있는 책을 만드는 하모니북에서 늘 함께 할 작가님을 기다립니다.
출간 문의 harmony.book1@gmail.com